Gymnasium Bayern

À plus! 1

Nouvelle édition

Carnet d'activités

Lehrerfassung

Förderübungen

In diesem Beiheft findest du weitere Übungen, die du im Anschluss an die *Fais le point*-Aufgaben bearbeiten kannst.

Die Lösungen findest du online,
▸ Code auf der Seite 1 deines *Carnet*.

Cornelsen

Unité 1

10|1 1 Qu'est-ce qu'on dit?

Ordne zu und schreibe die Sätze auf.

1 Salut, Alex! Bonjour, Madame!

Du begrüßt eine/n Freund/in. *Salut, Alex!*

Du begrüßt die Mutter deiner Freundin. *Bonjour, Madame!*

2 Il s'appelle Ivan. Tu t'appelles comment? Je m'appelle Marc. C'est qui?

Du stellst dich vor. *Je m'appelle Marc.*

Du fragst einen Jungen, wie er heißt. *Tu t'appelles comment?*

Du fragst, wer der Mann / die Frau ist. *C'est qui?*

Du sagst, wie dein Freund heißt. *Il s'appelle Ivan.*

3 C'est l'ami de Théo. C'est l'amie de Théo.

Du stellst den Freund von Théo vor. *C'est l'ami de Théo.*

Du stellst die Freundin von Théo vor. *C'est l'amie de Théo.*

4 Je suis nouvelle à l'école. Je suis nouveau à l'école.

Théo sagt, dass er neu in der Schule ist. *Je suis nouveau à l'école.*

Lara sagt, dass sie neu in der Schule ist. *Je suis nouvelle à l'école.*

5 Au revoir, Monsieur. Salut, à demain.

Du verabschiedest dich von deinem Lehrer. *Au revoir, Monsieur.*

Du verabschiedest dich von deinen Freunden. *Salut, à demain.*

Hast du alle Wörter richtig geschrieben? Lies deine Sätze noch einmal Korrektur.

▶ 10|2 2 Wortschatz / Der bestimmte Artikel

a Ordne die Nomen mit dem bestimmten Artikel in die richtige Tabelle ein.

fille garçon professeur récréation surveillant ami amie
école rentrée surveillante élève classe cour cahier

le/l'	la/l'
le garçon, le professeur, le surveillant, l'ami, l'élève,	la fille, la professeur, la récréation, l'amie, l'école,
le cahier	la rentrée, la surveillante, l'élève, la classe, la cour

b Setze die Nomen in den Plural.

les	
les garçons, les professeurs, les surveillants,	les filles, les professeurs, les récréations, les amies,
les amis, les élèves, les cahiers	les écoles, les rentrées, les surveillantes, les élèves,
	les classes, les cours

▶ 11|3 3 Das Verb *être*

a Ergänze die fehlenden Formen.

Je suis	nous sommes
tu es	vous êtes
il est	ils sont
elle est	elles sont
on est	

b Korrigiere mit Hilfe der *Repères*, S. 27.

▶

c Ergänze die Sätze mit der richtigen Form von *être*.

4 Das Personalpronomen und das Verb *être*

11|4

a Setze für die Personen die richtigen Personalpronomen ein.

 Noah = *il*

 Yasmine et Clara = *elles*

 Jade = *elle*

 Théo et Lukas = *ils*

 Théo, Clara et Lukas = *ils*

b Wähle das richtige Personalpronomen aus und vervollständige die Sätze.

1. – Victor et Laura sont dans la classe de Clara?
   – Non, *ils* (elles/ils) sont dans la classe de Jade.
2. – Anna est en cinquième?
   – Oui, *elle* (elle/il) est en cinquième B.
3. – *Vous* (tu/vous) êtes Madame Morin?
   – Non, *je* (je/elle) suis Madame Poussin.
4. – *Vous* (ils/vous) êtes les élèves de la sixième A?
   – Non, *nous* (nous/ils) sommes les élèves de la cinquième B.

Unité 2

20|1 1 Qu'est-ce qu'on dit?

a Wie sagst du auf Französisch? Ordne richtig zu. (▶ Repères, Qu'est-ce qu'on dit, p. 44)

1. Du zählst auf, was sich in deinem Zimmer befindet.
2. Du sagst, wo sich ein Gegenstand befindet.
3. Du forderst jemanden auf, mit dir zu spielen!
4. Du sagst, dass du im Moment etwas nicht machst.

a. La télécommande est sur l'étagère.
b. Dans ma chambre, il y a une armoire et un hamac.
c. Non, pas maintenant.
d. Joue avec moi, s'il te plaît.

b Wie fragst du auf Französisch? Ordne richtig zu.

1. Du fragst jemanden, was sich in seinem Zimmer befindet.
2. Du fragst jemanden, was er in seinem Zimmer macht.
3. Du fragst jemanden, ob er mit dir spielt.
4. Du fragst jemanden, ob er mit dir gemeinsam eine CD hört.

a. Tu joues avec moi?
b. Qu'est-ce qu'il y a dans ta chambre?
c. On écoute un CD ensemble?
d. Qu'est-ce que tu fais dans ta chambre?

20|2 2 Wortschatz

Retrouve les mots et écris-les en bleu ou en rouge avec l'article indéfini *un* ou *une*. | Finde die Nomen wieder und ordne sie in den richtigen Kasten ein. Schreibe die männlichen Wörter blau, die weiblichen rot mit dem entsprechenden Artikel *un* oder *une* auf. (▶ Liste des mots, p. 199)

erbmahc · tiucsib · ednammocélét · enîahcinim · noitcelloc · elocé · ructanidro · olyst · erègaté · eriomra · tnemetrappa

▶ 20|3 3 Ortsangaben

Complète. Utilise *sur, sous, à gauche, à droite, dans, devant, derrière.*

1. C'est *dans* l'armoire?
2. C'est *sous* la table?
3. C'est *sur* l'étagère?
4. C'est *dans* la classe?
5. C'est *à droite* ?
6. C'est *à gauche* ?
7. C'est *devant* l'école?
8. C'est *derrière* l'école?

▶ 21|4 4 Die unbestimmten Artikel und die Nomen im Plural

Un, une **oder** *des*? | **Schreibe einen unbestimmten Artikel im Singular** *(un, une)* **vor die Nomen im Singular und den unbestimmten Artikel im Plural** *(des)* **vor die Nomen im Plural.**
(▶ Liste des mots, p. 199)

une minichaîne — *des* chaises — *des* étagères — *un* hamac — *une* télé

des ordinateurs — *des* biscuits — *des* bédés — *des* livres — *un* lit

▶ 21|5 5 Der bestimmte und der unbestimmte Artikel

a Setze den passenden unbestimmten Artikel im Singular oder im Plural ein.
(▶ Liste des mots, p. 199)

le lit → *un* lit — la table → *une* table — l'armoire → *une* armoire

les bédés → *des* bédés — l'ordinateur → *un* ordinateur — les chaises → *des* chaises

b Complète. Utilise *un/une/des* **ou** *le/la/l'/les.* | **Bestimmt oder unbestimmt? Ergänze mit dem richtigen Artikel.**

1. Voilà *un* appartement. C'est *l'* appartement de Mme Masson.
2. Voilà *une* chambre. C'est *la* chambre de Jade.
3. Dans *la* chambre de Jade, il y a *un* lit, *une* table, *des* étagères.
4. *Le* lit est entre *la* table et *les* étagères.

21|6 6 Die Verben auf *-er*

a Range les formes des verbes. | Ordne die Verbformen richtig ein. (▶ Les verbes, p. 190)

1 travaille 3 chantez 5 regardent 7 jouent 9 rêves
2 écoute 4 cherchons 6 téléphones 8 chattons 10 rentrez

	Je/J' Il/Elle/On	Tu	Nous	Vous	Ils/Elles
1	travaille	travailles	travaillons	travaillez	travaillent
2	écoute	écoutes	écoutons	écoutez	écoutent
3	chante	chantes	chantons	chantez	chantent
4	cherche	cherches	cherchons	cherchez	cherchent
5	regarde	regardes	regardons	regardez	regardent
6	téléphone	téléphones	téléphonons	téléphonez	téléphonent
7	joue	joues	jouons	jouez	jouent
8	chatte	chattes	chattons	chattez	chattent
9	rêve	rêves	rêvons	rêvez	rêvent
10	rentre	rentres	rentrons	rentrez	rentrent

b Complète par les formes qui manquent. | Vervollständige die Tabelle. (▶ Les verbes, p. 190)

Unité 3

30|2 1 Wortschatz

a Vervollständige die Sätze mit dem passenden Nomen/Verb.

1. Le ___frère___ de Daniela s'appelle Antoine. (oncle – frère – sœur)
2. Et Geronimo, c'est qui? C'est son ___chat___ (profs – amis – chat)
3. La ___sœur___ de Marie s'appelle Indi-Anna. (sœur – amie – école)
4. Le père de Théo ___travaille___ à Paris. (habitent – travaille – téléphoner)
5. Il ___passe___ le week-end avec sa famille à Strasbourg. (rêve – cherche – passe)
6. Théo et sa sœur ___regardent___ la télé ensemble. (jouent – regardent – écoute)

b Nach welchen Kriterien hast du deine Wahl getroffen?

▶ 30|3 2 Die Verben *être* und *avoir*

a Complète le tableau. | **Fülle die Tabelle aus: Kreuze das passende Hilfsverb an und schreibe den kompletten Satz ab.**

	avoir	être	
Elle ? en cinquième.	☐	☒	*Elle est en cinquième.*
Nous ? un chien et un chat.	☒	☐	*Nous avons un chien et un chat.*
Tu ? sympa!	☐	☒	*Tu es sympa!*
Mon ami ? un hamac.	☒	☐	*Mon ami a un hamac.*
Vous ? le CD de ZAZ?	☒	☐	*Vous avez le CD de ZAZ?*
Je/J' ? un frère.	☒	☐	*J'ai un frère.*
Je/J' ? 14 ans.	☒	☐	*J'ai 14 ans.*
On ? des cousins à Berlin.	☒	☐	*On a des cousins à Berlin.*
Nous ? dans la classe de Clara.	☐	☒	*Nous sommes dans la classe de Clara.*
Mes cousins ? deux tortues.	☒	☐	*Mes cousins ont deux tortues.*
Elles ? adorables!	☐	☒	*Elles sont adorables!*
Je/J' ? moche!	☐	☒	*Je suis moche!*
Tu ? des frères et sœurs?	☒	☐	*Tu as des frères et sœurs?*
Toi et tes parents, vous ? de Leipzig?	☐	☒	*Toi et tes parents, vous êtes de Leipzig?*

b *Être* ou *avoir*? Complète. | **Lies den Text und ergänze mit den richtigen Verbformen von *être* und *avoir*.**

Salut! Moi, c'est Élodie, j'___*ai*___ treize ans. Marion et moi, nous ___*sommes*___ au collège Mistral, à Marseille. Marion, c'est ma sœur. Elle ___*a*___ dix ans et elle ___*est*___ super intelligente. Mes parents ___*sont*___ profs. Ils ___*ont*___ une collection de livres, moi j'___*ai*___ un coin CD dans ma chambre, et puis nous ___*avons*___ aussi des DVD. Alors à la maison, il y a des étagères partout!

Mais je ___*suis*___ bavarde! Tu ___*as*___ quel âge? Tes parents et toi, vous ___*êtes*___ aussi de Marseille? Tu ___*as*___ des frères et sœurs? À plus! Élo

31|4 3 Die Possessivbegleiter

a Coche et écris le pluriel des noms. | Kreuze an. Setze die Possessivbegleiter und die Nomen in den Plural.

	mon, ton, son		ma, ta, sa	
	♂	♀ vor Vokal	♀	
activité		X		mes, tes, ses activités
oncle	X			mes, tes, ses oncles
animal	X			mes, tes, ses animaux
CD	X			mes, tes, ses CD
chat	X			mes, tes, ses chats
collection			X	mes, tes, ses collections
étagère		X		mes, tes, ses étagères
poster	X			mes, tes, ses posters
tortue			X	mes, tes, ses tortues
amie		X		mes, tes, ses amies

b Complète. | Ergänze mit dem richtigen Possessivbegleiter aus a.

1 Bienvenue chez moi! Voilà __mes__ parents avec __ma__ sœur. La fille sur le lit, c'est __mon__ amie Aurélie et là dans le hamac, il y a __mon__ lapin Jack. Il est toujours là!

2 – C'est bien chez toi et elle est sympa, __ta__ chambre! Ce sont __tes__ animaux?

– Le poisson et les tortues oui. Mais Fido, c'est le chat de __ma__ sœur.

– Et __tes__ tortues, elles s'appellent comment? Oh, regarde, Fido joue avec __ton__ poisson!

3 – Où est le CD des BB Brunes?

– Regarde dans la chambre de Paul, sur _son_ étagère, à droite de _sa_ collection de figurines. _Ses_ CD sont là et le CD des BB Brunes aussi.

31|5 **4** **Das Adjektiv**

Mon **animal** est joli/~~jolie~~.

Mon **amie** est intelligente/~~intelligent~~.

Les **amis** de ma copine sont ~~bavardes~~/bavards.

À toi! | Auf welche Wörter / welches Wort musst du achten, um das Adjektiv richtig anzugleichen? Markiere sie/es. Streiche dann die falsche Form des Adjektivs durch.

1. Les enfants de mon oncle sont pénibles/~~pénible~~.
2. Les frères et sœurs de Tania sont ~~bavarde~~/bavards.
3. Mon chien est ~~intelligente~~/intelligent.
4. La photo avec Lola et Astrid est ~~jolies~~/jolie.

31|6 **5** **Qu'est-ce qu'on dit?**

Trouve les paires. | Finde die Wortpaare.

être au chômage beau-père
joli tôt c'est super bête
être séparé la semaine

tard intelligent belle-mère
être ensemble travailler moche
le week-end c'est l'horreur

1. _être au chômage_ / _travailler_
2. _beau-père_ / _belle-mère_
3. _joli_ / _moche_
4. _tôt_ / _tard_
5. _c'est super_ / _c'est l'horreur_
6. _bête_ / _intelligent_
7. _être séparé_ / _être ensemble_
8. _la semaine_ / _le week-end_

Unité 4

40|1 1 Qu'est-ce qu'on dit?

a Ordne die Sätze richtig zu.

Du sagst auf Französisch, dass du …

… Musik machst.	1	a	J'aime le sport.
… Sport magst.	2	b	Je n'aime pas le foot.
… das Theater liebst.	3	c	Je fais de la musique.
…Tennis vorziehst.	4	d	J'adore le théâtre.
… Fußball nicht magst.	5	e	Je déteste l'athlétisme
… Leichtathletik hasst.	6	f	Je préfère le tennis.

b Du sprichst über deine/n Lieblingssänger/in und über deine Lieblingsband. Was sagst du?

Je suis *fan de* ___ ____.

Mon groupe *préféré* ____________________, c'est ___ ____________________.

c Wie sagst du das Folgende auf Französisch? Ordne die Sätze zu.

Du fragst jemanden, was er/sie am Wochenende vorhat.	1	a	Je t'invite.
Du lädst jemanden ein.	2	b	C'est une super idée.
Du fragst, ob er/sie einverstanden ist.	3	c	Mes parents sont d'accord
Du sagst, dass das eine gute Idee ist.	4	d	On rentre à quelle heure?
Du sagst, dass deine Eltern einverstanden sind.	5	e	Tu es d'accord? / Ça marche?
Du fragst, wann ihr zurückkommt.	6	f	Qu'est-ce que tu fais ce week-end?

40|2 2 Wortschatz

Schreibe die passenden Nomen neben die entsprechende Zahl. Schreibe männliche Nomen blau und weibliche Nomen rot.

la guitare le tennis le foot le ski la bédé les percussions la danse
le vélo le théâtre l'aviron

1. *le foot*
2. *la guitare*
3. *le ski*
4. *le tennis*
5. *les percussions*
6. *la bédé*
7. *le vélo*
8. *la danse*
9. *l'aviron*
10. *le théâtre*

40|3 3 Die Verben

Vervollständige die Verbformen.

faire	vouloir	pouvoir
je f a i s	je veu	je p e u x
tu f a i s	tu veu x	tu p e u x
il/elle/on f a i t	il/elle/on veu t	il/elle/on p e u t
nous f a i s o n s	nous voul o n s	nous p o u v ons
vous f a i tes	vous voul e z	vous p o u v ez
ils/elles f o n t	ils/elles veul e n t	ils/elles p e u v ent

41|4 4 Das Verb *faire de* + bestimmter Artikel

a Ergänze die richtige Form von *de* + bestimmter Artikel.

~~de~~ + ~~le~~ = du   de + l' = de l'

de + la = de la   ~~de~~ + ~~les~~ = des

b Verbinde *faire de* und das Nomen. Ergänze die Sätze.

faire de + la guitare → faire de la guitare → Je fais de la guitare

faire de + le tennis → faire du tennis → Max fait du tennis

faire de + l'athlétisme → faire de l' athlétisme → Inès fait de l'athlétisme

faire de + les percussions → faire des percussions → Léa fait des percussions

41|5 5 Die Verneinung

Verneine die Sätze.

1. Théo regarde la télé. → Théo ne regarde pas la télé.
2. Anna aime le sport. → Anna n' aime pas le sport.
3. Amandine et Eva aiment l'aviron. → Amandine et Eva n' aiment pas l'aviron.
4. Ses parents sont d'accord. → Ses parents ne sont pas d'accord.
5. Simon travaille beaucoup pour l'école. → Simon ne travaille pas beaucoup pour l'école.

6. Elles surfent beaucoup sur Internet.

→ Elles *ne surfent pas beaucoup sur Internet* .

7. Vous regardez le DVD avec Dany Boon?

→ Vous *ne regardez pas le DVD avec Dany Boon* ?

41|6 6 Die Frage mit *est-ce que*

a Stelle Fragen mit *est-ce que*.

1. Il fait de la musique. → *Est-ce qu'il fait de la musique?*
2. Tim est d'accord. → *Est-ce que Tim est d'accord?*
3. Noah aime le sport. → *Est-ce que Noah aime le sport?*
4. Tu aimes le foot. → *Est-ce que tu aimes le foot?*
5. Elles font une balade. → *Est-ce qu'elles font une balade?*

b Stelle Fragen mit *Qu'est-ce que …*?

1. Was machst du? → *Qu'est-ce que tu fais?*
2. Was macht Clara? → *Qu'est-ce que Clara fait?*
3. Was macht ihr? → *Qu'est-ce que vous faites?*
4. Was machen sie? → *Qu'est-ce qu'ils/elles font?*

c *Est ce que/qu'… ?* **oder** *Qu'est-ce que/qu'… ?* **Vervollständige und übersetze die Fragen ins Deutsche.**

1. *Qu'est-ce que* tu aimes? *Was magst du?*
2. *Est-ce que* tu aimes le sport? *Magst du Sport?*
3. *Qu'est-ce que* tu fais ce week-end? *Was machst du dieses Wochenende?*
4. *Est-ce que* tu aimes le théâtre? *Magst du Theater?*

41|7 7 Hören und Verstehen

18

a Hör dir den 1. Abschnitt des Hörtextes an.

Wie heißen die beiden Gesprächspartner?: *Paul* *Cécile*

b Hör dir den 2. Abschnitt des Hörtextes an.

Wen ruft Cécile? *Sie ruft Philippe.*

c Hör dir den 3. Abschnitt des Hörtextes an.

1. Wer spricht jetzt am Telefon?

   Paul und Philippe

2. Fährt Philippe gerne Rad?

   Ja

3. Mit wem will Paul Radfahren gehen?

   Mit seinem Onkel, seiner Tante und seiner Cousine.

4. Hat Philippe am Samstag Zeit?

   Ja

d Hör dir den 4. Abschnitt des Hörtextes an.

1. Wen fragt Philippe um Erlaubnis?

   Seine Mutter.

2. Ist die Person einverstanden?

   Ja

3. Um wie viel Uhr werden sie von der Fahrradtour zurückkehren?

   Um 17 Uhr.

4. Um wie viel Uhr holen sie Philippe ab?

   Um 10 Uhr.

Unité 5

50|1

1 Qu'est-ce qu'on dit?

Du bist bei deinem/deiner Brieffreund/in in Frankreich. Welche Aussage auf Französisch ist die richtige für die Situation? Kreuze an.

1. Du möchtest etwas verstehen. Wie fängst du deinen Satz an?
   - [ ] Parce que ...
   - [x] Pourquoi est-ce que ...
   - [ ] À quelle heure est-ce que ...

2. Du sagst, dass du etwas häufig machst. Welches Wort verwendest du?
   - [ ] assez
   - [ ] bientôt
   - [ ] aussi
   - [x] souvent

3. Du findest, dass der Vorschlag gut ist. Wie kannst du das ausdrücken? Es gibt mehrere Möglichkeiten.
   - [x] Bonne idée!
   - [ ] Je suis contre!
   - [x] Trop cool!

4. Du möchtest wissen, wann das Museum auf hat. Wie fragst du?
   - [ ] Est-ce que le musée est ouvert?
   - [x] Quand est-ce que le musée est ouvert?
   - [ ] Pourquoi est-ce que le musée est ouvert?

5. Du magst etwas nicht so gern. Wie drückst du das aus? Es gibt mehrere Möglichkeiten.
   - [x] Bof. Ce n'est pas mon truc.
   - [ ] Je suis pour!
   - [x] Je n'aime pas trop ça.
   - [ ] Je ne sais pas.

6. Du sagst, dass du montags nachmittags Kunstunterricht hast.
   - [ ] Lundi matin, j'ai cours de dessin.
   - [ ] Le lundi, j'ai cours de dessin.
   - [x] Le lundi après-midi, j'ai cours de dessin.

50|2 2 Die Possessivbegleiter

– Vor Nomen im Singular stehen *notre/votre/leur*.
– Vor Nomen im Plural stehen *nos/vos/leurs*.

Wähle nun für jeden Satz den passenden Possessivbegleiter und kreise ihn ein.

1. Voilà notre/nos collège.
2. Regardez, il y a notre/nos dessins sur les murs.
3. Les élèves retrouvent leur/leurs copains dans la cour.
4. Notre/Nos endroit préféré, c'est le CDI.
5. Là, vous pouvez être tranquilles et faire votre/vos devoirs.
6. Les profs ont leur/leurs salle à côté.
7. Et chez vous, c'est comment? Est-ce que vous aimez votre/vos école?

51|3 3 Der zusammengezogene Artikel mit der Präposition *à*

a **Unterstreiche in den folgenden Sätzen die männlichen Nomen und kreise die weiblichen ein.**

b **Ergänze dann die Sätze mit der korrekten Form des zusammengezogenen Artikels mit** *à*.

au | à la | à l' | aux

1. Les sixièmes A ont EPS __au__ gymnase.
2. Clara est __à la__ maison avec Camille.
3. Yasmine aime aller __au__ théâtre.
4. Théo et Lukas vont __à l'__ école ensemble.
5. Les élèves vont __à la__ cantine.
6. Madame Goll rentre tard __à l'__ appartement.

51|4 4 Le *futur proche*

a Vervollständige die Regel.

Das *futur proche* besteht aus ___zwei___ Verben. Das erste ist immer die konjugierte Form des Verbs ___aller___. Das zweite steht immer im ___Infinitiv___.

Die Verneinungswörter *ne ... pas* umschließen das Verb ___aller___.

b Finde die Sätze im *futur proche* wieder und schreibe sie auf. Achte auf die Satzzeichen!

1. vas / Est-ce que / travailler / tu / au CDI / après la récré?

   Est-ce que tu vas travailler au CDI après la récré?

2. passer / Lukas / ses vacances / en Allemagne. / va

   Lukas va passer ses vacances en Allemagne.

3. ne / Les corres / vont / le musée du chocolat. / pas / visiter

   Les corres ne vont pas visiter le musée du chocolat.

4. une balade / Nous / faire / allons / dans les Vosges.

   Nous allons faire une balade dans les Vosges.

5. mercredi / allez / Qu'est-ce que / après-midi? / faire / vous

   Qu'est-ce que vous allez faire mercredi après-midi?

51|5 5 Die Fragen

Welche Frage passt zu welcher Antwort? Verbinde die Gesprächspartner!

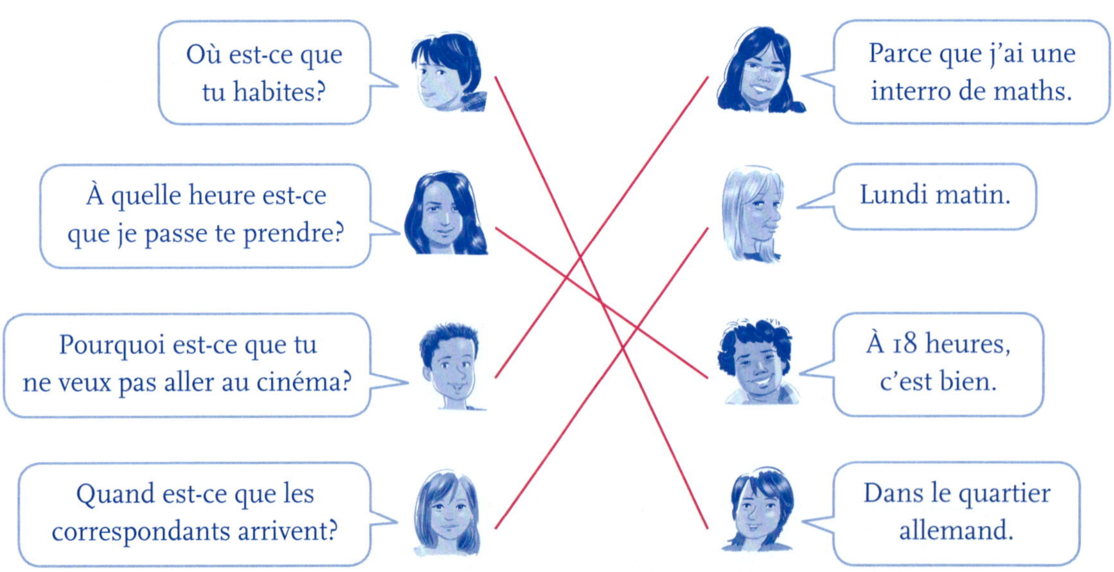

Unité 6

60|1 1 Qu'est-ce qu'on dit?

a Ordne die Sätze richtig zu.

Du fragst, was es heute in der Kantine gibt.	1	a	Le gâteau au chocolat, c'est trop bon.
Du fragst, ob es gut schmeckt.	2	b	Je ne comprends pas.
Du wünschst „Guten Appetit".	3	c	C'est bon?
Du sagst, dass du etwas nicht verstehst.	4	d	Bon appétit.
Du findest den Schokoladenkuchen ganz toll.	5	e	Qu'est-ce qu'il y a à la cantine aujourd'hui?

(1–e, 2–c, 3–d, 4–b, 5–a)

b Welche Antwort passt?

1. Qu'est-ce que tu prends?
a) [X] Le gâteau au chocolat.
b) [ ] Comme dessert, il y a un gâteau au chocolat.

2. Tu ne manges plus?
a) [ ] Non, je préfère le taboulé.
b) [X] Non, je n'ai plus faim.

3. Qu'est-ce que ça veut dire «lapin»?
a) [ ] Non, je prends les spaghettis.
b) [X] Je ne sais pas.

60|2 2 Wortschatz

Ordne die Wörter den Bildern zu.

un supermarché   une cathédrale   une piscine   un magasin   une boulangerie   un stade

un stade

un magasin

une piscine

une boulangerie

une cathédrale

un supermarché

60|3 3 Die Verben

a *Prend-* **oder** *pren-* **oder** *prenn-*? **Ergänze die Tabelle.**

Infinitif: *prend*re

je	*prend*s	nous	*pren*ons
tu	*prend*s	vous	*pren*ez
il	*prend*	ils	*prenn*ent
elle	*prend*	elles	*prenn*ent

b Wähle die richtige Verbform aus und setze sie in die Sätze ein.

1. Tom ne ___comprend___ pas le mot «lapin». — comprends/comprend
2. Théo et Yasmine ___prennent___ le lapin. — prennent/prendent
3. Clara: «Je ___prends___ les spaghettis.» — prends/prens
4. Tom et Ronja ne ___comprennent___ pas «moutarde». — comprenent/comprennent
5. Alors ils ___prennent___ aussi les spaghettis. — prendent/prennent
6. Tom et Ronja: «Nous ___prenons___ le gâteau au chocolat.» — prenons/prennons

61|4

4 Die Verneinung mit *ne ... plus*

Complète. Utilise la négation avec *ne ...plus*.

À midi ...	**À midi et demie ...**
Clara a faim.	Clara _n'_ a _plus_ faim.
elle veut manger un gâteau au chocolat.	elle _ne_ veut _plus_ manger son dessert.
les élèves mangent avec leurs corres.	les élèves _ne_ mangent _plus_.
L'après-midi ...	**L'après-midi ...**
les Français vont retourner en cours.	les Allemands _ne_ vont _plus_ retourner en cours.

61|5

5 Die Mengenangaben

a Welcher Satz ist richtig? Kreuze an.

1. Im Zentrum sind viele Geschäfte.
   - [x] Au centre, il y a beaucoup de magasins.
   - [ ] Au centre, il y a trop de magasins.
2. Aber es gibt wenige Cafés.
   - [ ] Mais il y a assez de cafés.
   - [x] Mais il y a peu de cafés.
3. Es gibt kein Schwimmbad mehr.
   - [ ] Il n'y a pas de piscine.
   - [x] Il n'y a plus de piscine.

b Übersetze die übrig gebliebenen Sätze ins Deutsche.

1. Im Zentrum sind zu viele Geschäfte.

2. Aber es gibt genügend Cafés.

3. Es gibt kein Schwimmbad.

Unité 7

▶ 69|1 1 Qu'est-ce qu'on dit?

Qu'est-ce qui va ensemble? | Was sagst du in welcher Situation? Verbinde.

Du fragst, wer einkaufen geht.	1	a	Joyeux anniversaire!
Du sagst, dass du ein Geschenk mitbringen willst.	2	b	Je veux apporter un cadeau.
Du fragst, wer was macht.	3	c	Qui fait quoi?
Du sagst deiner Freundin: „Alles Gute zum Geburtstag!"	4	d	Le livre coûte neuf euros.
Du sagst deinem Freund, dass du dich auf ihn verlässt.	5	e	Qui fait les courses?
Du sagst, dass das Buch neun Euro kostet.	6	f	Je compte sur toi!

▶ 69|2 2 Das Datum

Ergänze auf den Kalenderblättern die Monatsnamen.

22 juillet

6 décembre

14 août

31 janvier

18 octobre

1 avril

9 septembre

27 mars

▶ 69|3 3 Die Zahlen bis 100

Bei einer Tombola werden die Gewinnzahlen ausgerufen. Schreibe die Buchstaben der Sprechblasen zu den passenden Zahlwörtern. (▶ Die Zahlen, S. 189)

A Le 67!

B Le 76!

C Le 54!

D Le 42!

E Le 88!

F Et le 95!

[D] quarante-deux

[F] quatre-vingt-quinze

[A] soixante-sept

[E] quatre-vingt-huit

[C] cinquante-quatre

[B] soixante-seize

4 Das Verb *acheter*

69–70|4

Schreibe die Formen des Verbs *acheter* in den Backformen auf.

j'(a c h è t e) nous (a c h e t o n s)

tu (a c h è t e s) vous (a c h e t e z)

il/elle/on (a c h è t e) ils/elles (a c h è t e n t)

5 Die Verben *attendre* und *entendre*

69–70|4

a Bringe die Buchstaben in die richtige Reihenfolge.

1. s t e n d e n entends
2. z n e t a t d e attendez
3. s e t a d n t attends
4. e n t e n d t e n entendent
5. d a n s e t t o n attendons
6. n e n d e t entend

b Ergänze die Sätze mit den Verbformen aus a.

1. Il entend un chien dans la cour.
2. Vous attendez qui?
3. Attention, j'entends la prof!
4. Après 22 heures ils n'entendent plus la musique du bar.
5. Nous attendons nos correspondants.
6. Tu attends ton dessert?

6 Die Mengenangaben

70|5

Kontrolliere, ob die Sätze zu dem Bild passen. Kreuze nur die Sätze an, die passen.

Sur la table ...

1. il y a deux paquets de spaghettis. ☐
2. il y a un kilo de bananes. ☒
3. il y a une tablette de chocolat. ☐
4. il y a un kilo de farine. ☒
5. il y a beaucoup de fraises. ☐
6. il y a deux paquets de biscuits. ☒
7. il n'y a pas d'œufs. ☐
8. il y a une bouteille de lait. ☒

70|6

7 Die direkten Objektpronomen

a Wofür stehen *le, la, les*? **Schreibe alle Gegenstände auf, die zum Satz passen könnten.**

la télévision le DVD la photo la recette le programme les bédés les fossiles l'emploi du temps les posters le dessin l'invitation les animaux

1. Théo et Lukas **le** regardent.

   le DVD, le programme, l'emploi du temps, le dessin

2. Yamine **la** regarde.

   la télévision, la photo, la recette, l'invitation

3. Les copains **les** regardent.

   les bédés, les fossiles, les posters, les animaux

b Bilde die Sätze. Achte auf die Stellung der Objektpronomen *me/m', te/t', nous, vous.*

1. t' / appelle/ Je / demain.

   Je t'appelle demain.

2. Merci, / vous/ je / adore!

   Merci, je vous adore!

3. retrouves / le / devant / Tu / nous / CDI?

   Tu nous retrouves devant le CDI?

4. Tu / chez / prendre / passes / me / moi?

   Tu passes me prendre chez moi?

Unité 8

75|1 1 Qu'est-ce qu'on dit?

a Was passt zusammen? Verbinde.

Qu'est-ce que tu **1**	**a** vas passer tes vacances?
Où est-ce que tu **2**	**b** vas faire pendant les vacances?
Je vais **3**	**c** passer trois semaines à Marseille.
On va faire **4**	**d** chez ma tante.
Je vais aller **5**	**e** du vélo au bord du lac Léman.

(1 – b, 2 – a, 3 – c, 4 – e, 5 – d)

b Schreibe die Sätze auf.

1. Qu'est-ce que tu vas faire pendant les vacances?

2. Où est-ce que tu vas passer tes vacances?

3. Je vais passer trois semaines à Marseille.

4. On va faire du vélo au bord du lac Léman.

5. Je vais aller chez ma tante.

75|2 2 Wortschatz

a Finde das Wort wieder. Schreibe es mit dem bestimmten Artikel *(le, la, les)* **auf und übersetze es.**

1. lielos	*le soleil*	*die Sonne*
2. rem	*la mer*	*das Meer*
3. egalp	*la plage*	*der Strand*
4. etrac	*la carte*	*die Postkarte*
5. tiun	*la nuit*	*die Nacht*
6. lavehc	*le cheval*	*das Pferd*
7. cal	*le lac*	*der See*
8. engatnom	*la montagne*	*der Berg*
9. eénnodnar	*la randonnée*	*die Wanderung*

b Erstelle zu fünf Wörtern deiner Wahl ein Wortbild. (▶ Méthodes, S. 175/4).

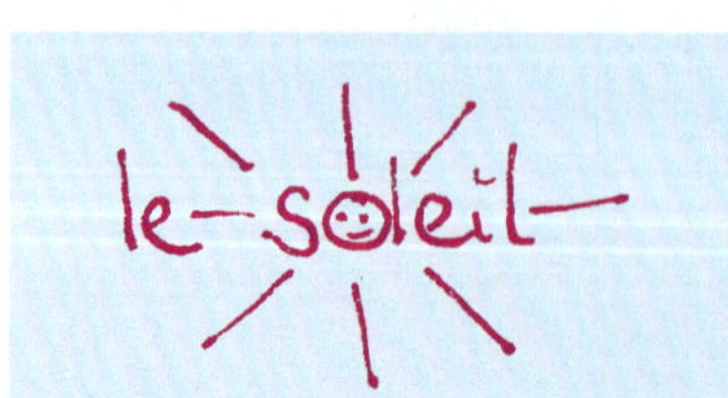

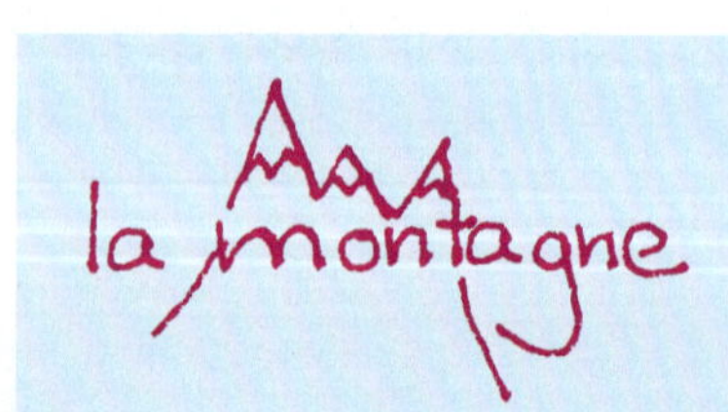

c Welcher Satz passt? Trage den richtigen Buchstaben ein. Ein Bild bleibt übrig.

a Il pleut. **b** Il fait très chaud. **c** Il fait très froid. **d** Il fait beau.

3 Grammatik

75|3

a Was machen Yasmine, Théo, Clara und Jade, wenn …?

1. Quand il fait beau, Yasmine va à la plage.
2. Quand il pleut, Théo reste sous la tente.
3. Quand il fait froid, Clara fait du ski.
4. Quand il fait chaud, Jade nage dans le lac.

b *Quand* (= wenn) oder *pour* (= um zu)?

1. Cet été nous allons à Marseille pour passer nos vacances sur un camping.
2. Quand je suis en vacances, je reste au lit jusqu'à midi!
3. Quand nous avons faim, nous mangeons dans notre tente.
4. Sur le camping, il y a un supermarché pour faire les courses.

Gymnasium Bayern

À plus! 1

Nouvelle édition

Carnet d'activités

Lehrerfassung

Mit allen Lehrbuchtexten aus dem Schülerbuch zum Anhören auf scook.de.

Die Lehrerfassung des Arbeitsheftes steht Ihnen digital mit den Transkripten der Audios und Videos sowie allen Lösungen auf dem USB-Stick mit den Begleitmaterialien zu À plus!1, ISBN 978-3-06-121655-9, zur Verfügung.

ONLINE-Angebot

Deine **Audios** und **Videos** findest du auf scook.de/bayern. Dafür gibst du den unten stehenden Zugangscode in die Box ein.

scook

Deine **interaktiven Übungen** kannst du so freischalten:

1. Melde dich auf scook.de/bayern an. Beim ersten Besuch von scook.de/bayern musst du dich mit einer – nicht notwendig personifizierten – E-Mailadresse registrieren.
2. Gib den unten stehenden Zugangscode in die Box ein.
3. Damit deine Lernstandsdaten gespeichert werden, müssen du und deine Eltern uns bei der ersten Freischaltung der interaktiven Übungen eine Einwilligung dazu geben. Cornelsen speichert die Antworten deiner durchgeführten Übungen für die Nutzungsdauer der interaktiven Übungen.

Die Nutzungsdauer für die Online-Übungen beträgt nach Aktivierung des Zugangscodes zwei Jahre. In dieser Zeit speichern wir deine Lernstandsdaten für dich; nach Ablauf der Nutzungsdauer werden sie gelöscht.

Dein Zugangscode auf **www.scook.de/bayern**

eq45r-euuu3

Cornelsen

À plus! 1 *Nouvelle édition* **Gymnasium Bayern**
Carnet d'activités

Im Auftrag des Verlages erarbeitet von: Catherine Mann-Grabowski, Gertraud Gregor

und der Redaktion Französisch
Julia Goltz (Projektleitung), Monika Schulze sowie Vanessa Cousin, Marie-France Lavielle,

Gesamtgestaltung und technische Umsetzung: werkstatt für gebrauchsgrafik, Berlin
Illustrationen: Laurent Lalo

Soweit in diesem Buch Personen fotografisch abgebildet sind und ihnen von der Redaktion fiktive Namen, Berufe, Dialoge und Ähnliches zugeordnet oder diese Personen in bestimmte Kontexte gesetzt werden, dienen diese Zuordnungen und Darstellungen ausschließlich der Veranschaulichung und dem besseren Verständnis des Inhalts.

Bildquellen

Cover Cornelsen / Laurence Uzel, Pascal Denimal; Fotolia / Studio Photo AG; F1online / Fancy / Andria Patino; Shutterstock / g215; Fotolia / Hervé Marcilloux; Colourbox – **S. 8** *1* Fotolia / Natallia Vintsik; *2* Fotolia / fh-photographie; *3* Fotolia / Jaroslav Machacek; *4* Fotolia / Richard James; *5* Fotolia / Kaspars Grinvalds – **S. 13** © Bayard Presse – Okapi n° 848, mai 2008 – Philippe Mouche, Yves Denoyelle – **S. 23** *Karte* Cornelsen / Lennart Fischer; Fotolia / Meganeura; Fotolia / ComicVector; Fotolia / kazy – **S. 24** *1* Fotolia / Firma V; *2* Fotolia / Eléonore H; *3* Fotolia / GordonGrand; *4* Colourbox – **S. 29** Fotolia / Rita Kochmarjova – **S. 33** *links* Fotolia / Kara; Fotolia / yanlev; Fotolia / Dusan Kostic; *rechts* Fotolia / micromonkey – **S. 36** Fotolia / grafikplusfoto; Fotolia / tunedin – **S. 37** mauritius images / age / Morales – **S. 40** Cornelsen / Laurence Uzel, Pascal Denimal – **S. 52** Fotolia / PackShot; Fotolia / Mikhail Markovskiy; Fotolia / Yvann K – **S. 53** *links + Mitte* Cornelsen / Laurence Uzel, Pascal Denimal; ddp images – **S. 59** Fotolia / PROMA – **S. 63** Colourbox / homydesign; Fotolia / Unclesam; Fotolia / Rade Lukovic; Fotolia / alicjane – **S. 83** Cornelsen / Laurence Uzel, Pascal Denimal; Musée du Chocolat – **S. 84** Fotolia / DM7 – **S. 86, 87, 88** Cornelsen / Laurence Uzel, Pascal Denimal – **S. 89** Fußballfeld Fotolia/ thombach; Porträts Cornelsen / Laurence Uzel, Pascal Denimal – **S. 90** *oben + Mitte links* Cornelsen / Laurence Uzel, Pascal Denimal; Fotolia / pixarno; Fotolia / alain wacquier; Fotolia / Frédéric Prochasson – **S. 91** Cornelsen / Laurence Uzel, Pascal Denimal

Symbole und Verweise

Schülerfassung:
Hörübungen online unter s. Code Seite 1

Lehrerfassung:
Hörübungen auf der Audio-CD

Filme online unter s. Code Seite 1

Verweise auf das Lehrbuch

Differenzierung:
leichtere Übung
anspruchsvollere Übung

Partnerarbeit

Sprachmittlungsübung. Hier hilfst du jemandem, der kein Französisch/Deutsch kann.

www.cornelsen.de

Die Mediencodes enthalten zusätzliche Unterrichtsmaterialien, die der Verlag in eigener Verantwortung zur Verfügung stellt.

Alle Drucke dieser Auflage sind inhaltlich unverändert und können nebeneinander verwendet werden.

Druck: AZ Druck und Datentechnik GmbH, Kempten

Schülerheft:
ISBN 978-3-464-24702-0
1. Auflage, 1. Druck 2017

Schülerheft mit interaktiven Übungen
ISBN 978-3-06-121504-0
1. Auflage, 1. Druck 2017

Lehrerfassung:
ISBN 978-3-464-24703-7
1. Auflage, 2. Druck 2017

PEFC zertifiziert
Dieses Produkt stammt aus nachhaltig bewirtschafteten Wäldern und kontrollierten Quellen.
www.pefc.de
PEFC
PEFC/04-31-2260

Unité 1 La rentrée

VOLET 1

Écouter et comprendre

1 Hör zu und suche zu jedem Dialog das passende Bild. Schreibe die Nummer des Dialogs in das Bild.

Écrire

2 Welches Wort passt in welche Backform? Achte darauf, ob die Buchstaben nach oben oder nach unten herausragen, und ob es Punkte oder Akzente auf den Buchstaben gibt. Schreibe dann das Wort in die entsprechende Backform hinein.

> ça va ~~bof~~ super au revoir
> bonjour à demain

1. b o f
2. à demain
3. super
4. ça va
5. au revoir
6. bonjour

3 Sépare les mots et écris les dialogues. | Trenne die Wörter voneinander und schreibe die Dialoge auf. Denke an die Satzzeichen.

A SALUTJADEÇAVASUPERETTOI

Noah: Salut, Jade! Ça va?

Jade: Super. Et toi?

B AUREVOIRMADAMEÀDEMAINJADE

Jade: Au revoir, Madame.

La prof: À demain, Jade.

Regarder et comprendre

4

Va sur le site scook.de/bayern et tape le code, page 1.
Regarde le film et fais l'exercice p. 86.

VOLET 2

Lire et comprendre

1 Retrouve les deux dialogues et écris-les dans ton cahier. | Stelle die zwei Dialoge wieder her und schreibe sie in dein Heft.

Dialogue A

- Non, je suis de Berlin. Et toi? 4
- Je m'appelle Jan. 2
- Bonjour, je m'appelle Gabriel, et toi? 1
- Moi, je suis de Paris. 5
- Tu es de Strasbourg? 3

Dialogue B

- Je m'appelle Carine. 2
- Oh, pardon! 3
- Non, je m'appelle Carlos. Je suis de Madrid. 5
- Et toi, tu t'appelles Carl, non? 4
- Bonjour, Marine. 1

Écouter et comprendre

3

2 Woher kommen die Schüler? Hör zu und schreibe die richtigen Orte auf die Schilder.

a Berlin **b** Hambourg **c** Lille **d** Lyon **e** Paris **f** Strasbourg

Vocabulaire

3 Complète. | Löse das Kreuzworträtsel und finde das Lösungswort.

1. C'est la **1**. Voilà la **2** de sixième A. Et voilà Monsieur Martel, le **3** de **4**.
2. – Bonjour, Lara.
   – Je m' **5** Clara. Clara **6** un C.
   – Ah, **7**!

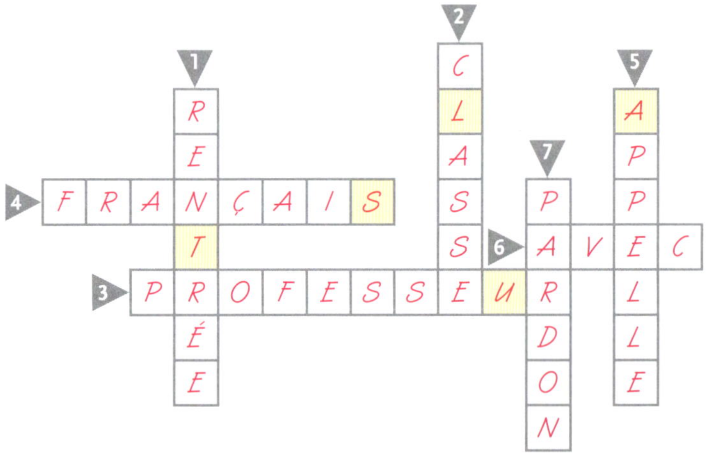

Lösungswort: S A L U T

Grammaire

4 **Complète.** | **Setze die richtigen Pronomen vor die Verbformen.**

1. – C'est Lukas.
   – ___ il ___ est de Strasbourg?
   – Non, ___ il ___ est de Berlin.

2. – Léa est de Paris?
   – Non, ___ elle ___ est de Lille.

3. – ___ Tu ___ t'appelles Lola?
   – Non, ___ je ___ m'appelle Laura.

5 **Complète.** | **Ergänze mit den richtigen Formen von** *être*. (▶ Repères, p. 27/2)

– Salut, je m'appelle Clara et je ___ suis ___ de Strasbourg. Et toi, tu ___ es ___ d'où?

– Je ___ suis ___ de Colmar. Et Lukas?

– Il ___ est ___ de Berlin.

– Et là, c' ___ est ___ Yasmine. Elle ___ est ___ de Strasbourg!

Écrire

6 **Complète les dialogues.** | **Vervollständige die Dialoge.**

7 **Écris le dialogue.** | **Schreibe den Dialog in dein Heft.**

1. Du begrüßt eine neue Schülerin auf dem Schulhof und fragst sie, wie es ihr geht. → Sie begrüßt dich und antwortet.
2. Du fragst sie, ob sie Lora heißt. → Sie verneint und sagt, sie heißt Nora mit einem N.
3. Du sagst, wie du heißt und verabschiedest dich. → Sie verabschiedet sich auch.

VOLET 3

Lire et comprendre

1 a **Vrai ou faux? | Richtig oder falsch? Lies den Text und kreuze die richtige Antwort an.**

Salut Momo!

Ça va à Paris? C'est la rentrée à Strasbourg et c'est super! Karim, Jade et moi, on est ensemble en cinquième. Yasmine est en sixième. Elle est super cool! Le prof de français, bof, ça va. Il est nouveau à l'école. Et toi, la rentrée?

À plus! Noah

	vrai	faux
1. Momo ist in Straßburg.	☐	☒
2. Karims Französischlehrer ist neu in der Schule.	☒	☐
3. Noah ist in Yasmines Klasse.	☐	☒
4. Jade und Yasmine sind zusammen in der *sixième*.	☐	☒
5. Der Französischlehrer ist supercool.	☐	☒

b **Corrige les phrases fausses dans ton cahier. | Korrigiere die falschen Sätze in deinem Heft.**

Écouter et comprendre

4

2 **Écoute et regarde les images. | Hör zu, schau dir die Bilder an und notiere zu jeder Situation den entsprechenden Buchstaben (A–F).**

1 E

2 A

3 B

4 F

5 C

6 D

Grammaire

3 **a** Écris les mots avec l'article défini. | Schreibe die folgenden Nomen mit dem bestimmten Artikel *le*, *la* oder *l'* auf die richtige Karteikarte. Schreibe männliche Wörter *blau* und weibliche Wörter *rot*. Zwei Nomen passen auf beide Karteikarten!

	♂	♀
classe rentrée professeur école garçon fille récréation élève surveillant cour ami amie sixième	*le professeur, le garçon,* *l'élève, le surveillant,* *l'ami*	*la classe, la rentrée,* *la professeur, l'école,* *la fille, la récréation,* *l'élève, la cour,* *l'amie, la sixième*

b Complète. | Ergänze die Sätze mit den richtigen Artikeln.

1. *Le* garçon, c'est qui? Et *la* fille, c'est qui?
2. Yasmine et Clara sont dans *la* cour.
3. Clara est *l'* amie de Yasmine.
4. Lukas est nouveau à *l'* école.
5. Il est dans *la* classe de Clara.
6. Noah est *l'* ami de Karim.

4 Singulier ou pluriel? | Singular oder Plural? Hör zu und notiere die korrekte Form.

1. *le* surveillant__
2. *les* professeur*s*
3. *les* élève*s*
4. *la* classe__
5. Voilà Clara et Lara. *Elles* sont en sixième.
6. Voilà Maxime. *Il* est à *l'* école__, à Strasbourg.
7. Les deux garçons là, *ils* sont en cinquième?
8. Voilà Madame Lalère. *Elle* est nouvelle.

5 Complète. | Ergänze die Sätze mit den Formen von *être*. (▶ Repères, p. 27/2)

1. – Salut, tu *es* à l'école Maxime Alexandre?
   – Oui. Et je *suis* en 6ème.
2. – Bonjour. Vous *êtes* Monsieur Duval?
   – Non, je *suis* Monsieur Moulin.
3. – Bonjour, vous *êtes* les élèves de la 5ème A?
   – Non, nous *sommes* en 5ème B.

Vocabulaire

6 Trouve les douze mots. | Finde die zwölf versteckten Nomen, die alle mit Schule zu tun haben, und schreibe sie mit dem bestimmten Artikel auf. (▶ Liste des mots, p. 194)

S	U	R	V	E	I	L	L	A	N	T
I	M	É	M	S	O	R	G	I	O	C
C	O	C	A	T	F	I	A	M	F	I
L	S	R	U	L	I	P	R	I	R	N
A	I	É	C	O	L	E	Ç	R	A	Q
S	X	A	I	D	L	U	O	T	N	U
S	I	T	X	U	E	I	N	A	Ç	I
E	È	I	É	L	È	V	E	H	A	È
A	M	O	D	I	C	O	U	R	I	M
R	E	N	T	R	É	E	B	A	S	E

le surveillant — la classe
l'école — la sixième
l'élève — la récréation
la cour — le garçon
la rentrée — la fille
la cinquième — le français

Apprendre à apprendre

7 Trouve le mot français. | Schreibe unter die Fotos das passende französische Wort. (▶ Méthodes, p. 182/18)

le bus
le parc
le smartphone
le cinéma
le tee-shirt

1

le smartphone

2

le parc

3

le cinéma

4

le bus

5

le tee-shirt

Parler

8

Fais le tandem, p. 78 avec ton/ta partenaire.

Regarder et comprendre

9

Va sur le site scook.de/bayern et tape le code, page 1.
Regarde le film et fais l'exercice p. 87.

Écrire

10 Ajoute les accents. | Alle Akzente fehlen. Füge sie hinzu.

11 *ou* [u] ou *u* [y]? Complète. | Ergänze die fehlenden Buchstaben.

– Bonj_ou_r, bonj_ou_r! – Sal_u_t! Ça va?

– V_ou_s êtes dans la c_ou_r? – S_u_per et toi?

12 Karim hat sich einen Spaß gemacht und dir eine verschlüsselte E-Mail geschickt. Entschlüssele sie und schreibe sie auf.

Salut, ca va? Je m'appelle Karim.

Je suis de Strasbourg. Et toi?

13 Finde passende Fragen zu den vorgegebenen Antworten. Es gibt mehrere Möglichkeiten.

1. Tu es aussi en sixième A? Non, je suis en sixième B.
2. Karim, c'est qui? C'est l'ami de Noah.
3. Tu t'appelles comment? Je m'appelle Kristelle.
4. Salut, ca va? Super. Et toi?
5. Noah et Karim sont en sixième? Non, ils sont en cinquième.
6. Le prof, là, c'est qui? C'est Monsieur Martel, le professeur de français.

Hier kannst du überprüfen, ob du die Redewendungen, die Vokabeln und die Grammatik der *Unité 1* beherrschst. Löse die folgenden Aufgaben ohne Hilfen und überprüfe deine Ergebnisse auf S. 92.

1 Qu'est-ce qu'on dit?

a Du bist in Straßburg an einer Schule.

1. Du begrüßt deinen Lehrer / deine Lehrerin.

____

____

2. Du stellst dich vor.

____

3. Du sagst, woher du kommst.

____

4. Du sagst, dass du neu in Straßburg bist.

____

____

5. Der Lehrer fragt dich etwas und du antwortest: „Ich weiß nicht."

____

b In der Pause unterhältst du dich mit einem Schüler auf dem Schulhof.

1. Du fragst ihn, wie er heißt.

____

____

2. Du fragst ihn, wie es ihm geht.

____

3. Du fragst ihn, ob er aus Straßburg kommt.

____

____

4. Du fragst ihn, ob er in die *sixième A* geht.

____

2 Wortschatz / Der bestimmte Artikel

Finde die Nomen in der Schlange wieder und schreibe sie mit dem bestimmten Artikel im Singular oder im Plural auf.

1. ______________________________
2. ______________________________
3. ______________________________
4. ______________________________
5. ______________________________
6. ______________________________
7. ______________________________
8. ______________________________

9. ______________________ 11. ______________________

10. ______________________ 12. ______________________

3 Das Verb *être*

Complète.

4 Das Personalpronomen und das Verb *être*

Grammaire mixte: Complète. | **Ergänze. Verwende die Personalpronomen** *(je, tu, il, elle, ...)* **und die Formen des Verbs** *être*.

1. – Moi, je suis Fata. Et toi, ________ ________ Simon?
   – Non, ________ ________ Samuel.
2. – Noah ________ dans la classe de Yasmine?
   – Non, ________ ________ dans la classe de Jade.
3. – Clara et Lara, vous ________ dans la classe de Théo?
   – Oui, ________ ________ ensemble.
4. – Clara et Yasmine ________ en sixième?
   – Oui, ________ ________ en sixième A.
5. – Et Théo et Lukas?
   – ________ ________ aussi en sixième A.
6. – Noah et Jade ________ avec Karim?
   – Oui, ________ ________ ensemble en cinquième B.

VOLET 1

Vocabulaire

1 Complète. | Löse das Kreuzworträtsel.
(▶ Liste des mots, p. 199)

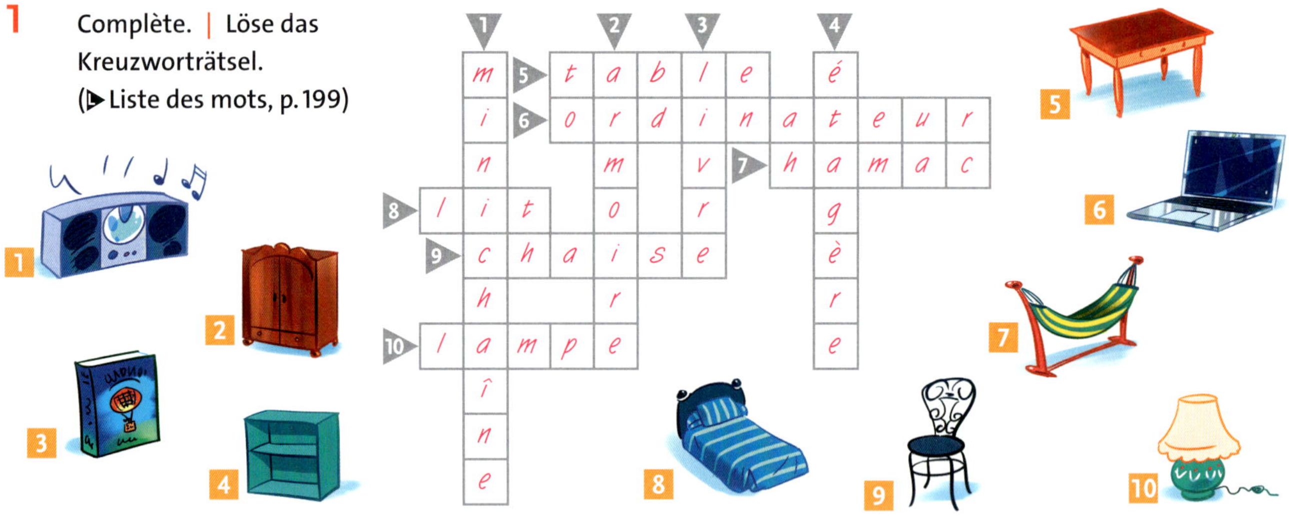

Apprendre à apprendre

2 Wörter kannst du dir besser merken, wenn du einen oder zwei Buchstaben so zeichnest, dass du sofort weißt, was die Wörter bedeuten.

a Complète.
Utilise *un* ou *une*.

une 

un 

b À toi. | Zeichne Wörter wie in **a** und verwende den unbestimmten Artikel *un* oder *une*.

ordinateur lit guitare table ___

Grammaire

3 Schreibe die folgenden Wörter mit dem unbestimmten Artikel im Singular *un*/*une* in den richtigen Sack.

des tables
des chaises des lits
des lampes
des hamacs
des photos
des ordinateurs
des posters
des minichaînes
des professeurs
des amis des étagères
des livres des bédés
des armoires
des amies

4 Qu'est-ce qu'il y a dans la vitrine? Utilise *il y a* et un nom au pluriel. | Was ist im Schaufenster zu sehen? Verwende *il y a* und ein Nomen im Plural. Denke an den unbestimmten Artikel im Plural!

Il y a des tables. Il y a des globes.

Il y a des stylos. Il y a des livres.

Il y a des cahiers. Il y a des chaises.

Il y a des étagères.

Médiation

5 Dein Freund, der kein Französisch versteht, möchte wissen, worum es in dieser Zeitschrift geht. Schau dir den Umschlag dieser französischen Jugendzeitschrift genau an und nenne ihm mindestens zwei Themen.

Zimmereinrichtung

Indiana Jones

DNA

Shopping

Écrire

6 **a** Der Jugendliche auf dem OKAPI-Umschlagfoto (▶ exercice 5) zeigt sein Zimmer. Beschreibe es. Welche Gegenstände kannst du schon benennen? Verwende dabei den unbestimmten Artikel: *un*/*une*, *des*.

Dans la chambre de Jérémy, il y a une guitare, une table, une chaise, un lit, une lampe, une étagère, des livres, une collection de petites voitures, un tapis, une corbeille à papier.

b Vervollständige die Beschreibung in **a**. Wenn du ein Wort suchst, das du noch nicht kennst, kannst du es nachschlagen. (▶ Banque de mots, p. 192 / Dictionnaire en ligne, p. 193)

VOLET 2

Lire et comprendre

1 Relis le texte, p. 36 dans ton livre, lis les phrases, compare et corrige les phrases. | Lies die Sätze und vergleiche sie mit dem Text im Buch auf S. 36. Korrigiere die Sätze in deinem Heft.

1. Le shampoing est dans le placard.
2. Les biscuits sont sur l'étagère.
3. Les clés sont dans la cuisine.
4. Le CD de ZAZ est sur la table.
5. La télécommande est sous la chaise.

Vocabulaire

2 Où sont les bédés d'Alexandre? | Alexandre sucht seine Comics. Vervollständige die Sätze. (▶ Liste des mots, p. 200)

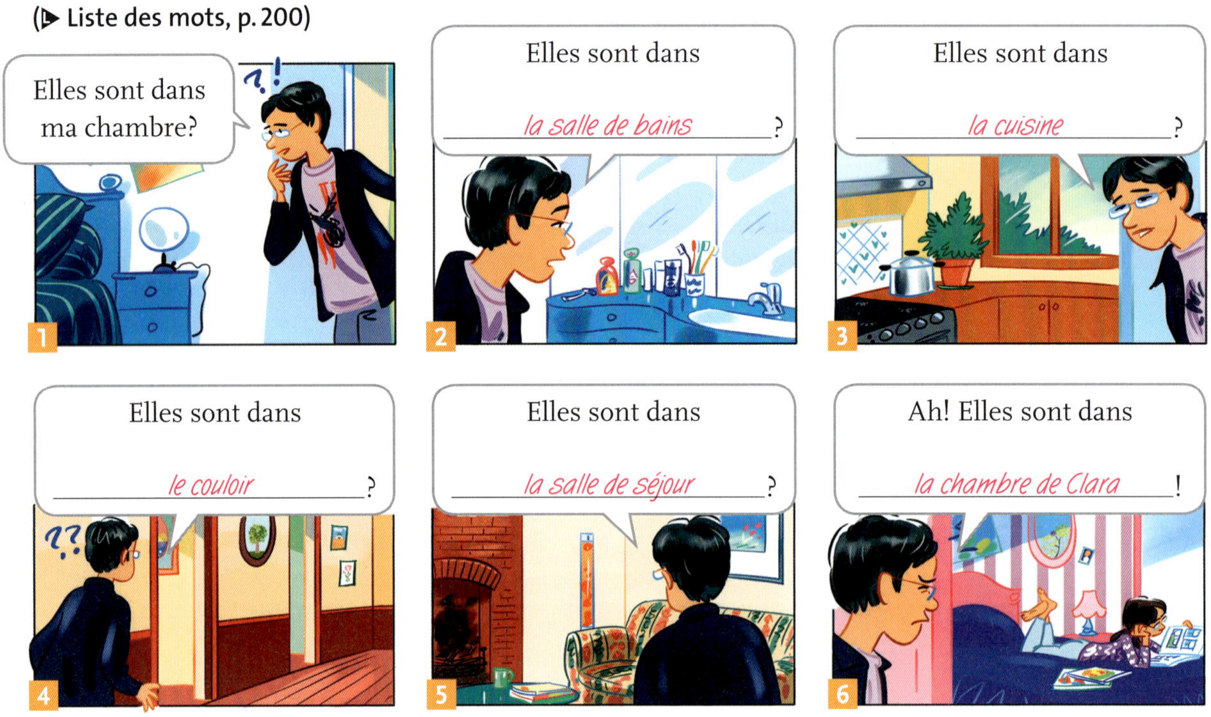

Grammaire

3 **a** Relie. | Verbinde die Fragen mit den passenden Antworten.

Où sont les étagères?	1	a	Ils sont sur les étagères.
Où est le globe?	2	b	Elles sont dans la salle de classe, à droite.
Où est l'armoire?	3	c	Il est dans l'armoire, à droite.
Où sont les livres?	4	d	Elle est dans la classe, à gauche.

(1 – b, 2 – c, 3 – d, 4 – a)

b Dessine. | Zeichne eine Skizze des Klassenraumes nach den Angaben von a. Vergleiche mit deinem Partner / deiner Partnerin.

4 **a** Utilise *Où est / Où sont*. | Schreibe die Fragen in dein Heft.

1. Clara 2. Théo et Lukas 3. Jade et Noah
4. les clés 5. la télécommande 6. le lit

1. Où est Clara?

b Réponds aux questions de **a**. Utilise *Il est / Elle est / Ils sont / Elles sont.* | Beantworte die Fragen. Schreibe in dein Heft.

1. chez Yasmine 2. à l'école 3. dans la cour
4. sous la table 5. sur l'étagère 6. à droite

1. Elle est chez Yasmine.

c À toi. Écris encore trois questions et trois réponses dans ton cahier. | Schreibe drei weitere Fragen und Antworten wie in **a** und **b** in dein Heft.

Écouter et comprendre

7

5 Wo liegen die Sachen in Louises Zimmer? Hör dir den Text an und zeichne mit Pfeilen ein, wo sich die genannten Dinge befinden.

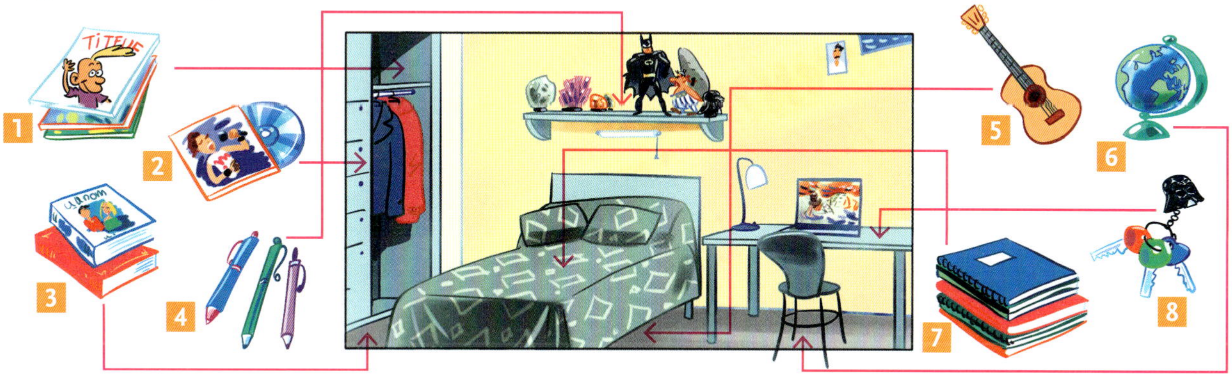

Écrire

6 a Clemens hat seine Hausaufgaben gemacht: Fragen aufschreiben. Aber in jeder Frage hat er einen Bindestrich und alle Apostrophe vergessen. Korrigiere die Hausaufgabe und schreibe die Fragen richtig darunter.

1. Qu est ce qu il y a dans l armoire de Louis?

Qu'est-ce qu'il y a dans l'armoire de Louis?

2. Qu est ce qu il y a derrière l ordinateur?

Qu'est-ce qu'il y a derrière l'ordinateur?

3. Qu est ce qu il y a dans l appartement?

Qu'est-ce qu'il y a dans l'appartement?

b Sarah hat in ihrer Hausaufgabe alle *accents* vergessen. Korrigiere ihre Sätze und schreibe die Wörter richtig daneben.

1. Ou sont les etageres? *Où sont les étagères?*
2. Ou est la minichaine? *Où est la minichaîne?*
3. Ou est la telecommande? *Où est la télécommande?*

7 Écoute et complète. | Hör dir die beiden Sätze an und vervollständige sie.

1. Mam_an_ est d_ans_ la salle de b_ains_.

2. Sim_on_ et Alb_in_ s_ont_ _en_semble _en_ c_in_quième.

Apprendre à apprendre

8 Apprends les prépositions. | Lerne die Präpositionen mit einem Bild: Schreibe die Präpositionen an den passenden Ort.

sur sous
derrière devant
à droite à gauche
dans entre

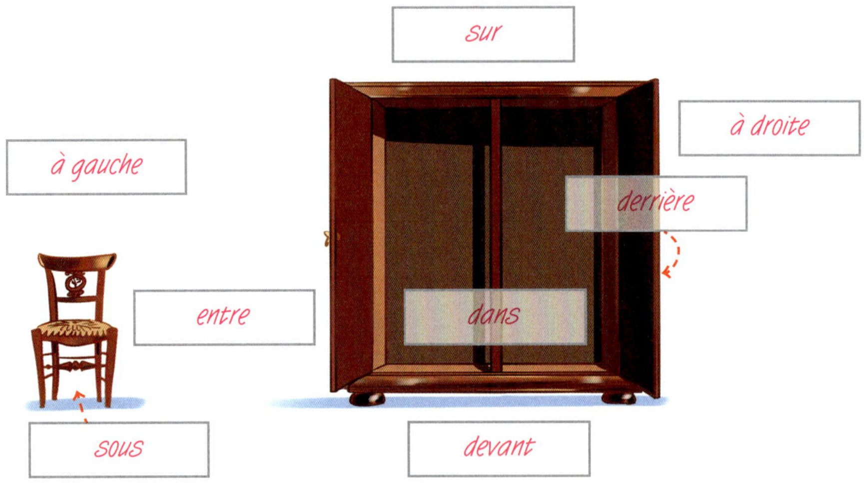

Écrire

9 Compare les deux dessins. | Vergleiche die beiden Zeichnungen und finde die sieben Unterschiede heraus. Schreibe in dein Heft.

1. les livres 2. la guitare 3. la collection de figurines 4. le globe 5. les stylos 6. les clés 7. la minichaîne

1. À gauche, les livres sont sur l'étagère, entre le globe et les figurines. À droite, les livres sont sur la table, devant l'ordinateur.

Parler

10

Fais le tandem, p. 79 avec ton/ta partenaire.

VOLET 3

Lire et comprendre

1 Qu'est-ce qui va ensemble? Relie. | Was passt zusammen? Verbinde. (▶ Texte, p. 39)

Yasmine rentre	1	a	un CD.
Yasmine écoute	2	b	à la maison.
Yasmine chatte	3	c	une partie de cartes.
Karim et Noah regardent	4	d	avec des copines.
Yasmine et Zohra jouent	5	e	la télé.

Écouter et comprendre

2 Vrai ou faux? | Hör dir den Text an, lies die Sätze und kreuze an, welche Aussagen richtig und welche falsch sind.
Korrigiere dann die falschen Sätze. Schreibe in dein Heft.

	vrai	faux
1. Yasmine est dans la cuisine. *Elle est dans sa chambre.*	☐	☒
2. Yasmine téléphone. *Elle travaille.*	☐	☒
3. Zorah est dans la salle de séjour avec Karim et Bilal.	☒	☐
4. Zorah regarde la télé avec Karim et Bilal.	☒	☐

Grammaire

3 Complète. | Ergänze die fehlenden Verbformen. (▶ Repères, p. 45/2)

1. – Yasmine, tu *joues* ______ avec moi? – Non, je *travaille* ______. (*jouer; travailler*)

2. – Et Karim? Il *travaille* ______ aussi? (*travailler*)

3. – Les garçons sont dans la salle de séjour. Ils *écoutent* ______ un CD. (*écouter*)

4. – Les garçons, vous *regardez* ______ la télé avec moi? (*regarder*)

– Non, nous *écoutont* ______ un CD. (*écouter*)

4 **Grammaire mixte:** Complète par un verbe ● ou par une préposition ▲. (▶ Repères, p. 45/2)

– Clara, qu'est-ce que tu f*ais* ______ ● après l'école?

– Je rentre *à* ______ ▲ la maison et je t*ravaille* ______ ●. *Après* ______ ▲ les devoirs, j'é*coute* ______ ● des CD.

– Et Alexandre? Il chatte *avec* ______ ▲ des copains ou il c*herche* ______ ● des informations?

– Il r*egarde* ______ ● la télé et nous j*ouons* ______ ● sur l'ordinateur ensemble.

– Et Yasmine et Karim? Ils r*entrent* ______ ● aussi *à* ______ ▲ la maison?

– Oui, après l'école, ils j*ouent* ______ ● une partie de cartes ou *avec* ______ ▲ Zohra.

5 Complète. Utilise l'impératif. | Ergänze. Verwende den Imperativ. (▶ Repères, p. 45/3)

Vocabulaire

6 a Trouve les dix verbes. Écris-les. | Finde die zehn Verben wieder. Schreibe sie auf. (▶ Liste des mots, p. 201)

T	T	R	A	V	A	I	L	L	E	R
É	R	E	N	T	R	E	R	M	E	E
L	J	F	L	A	P	O	I	F	D	G
É	H	É	C	O	U	T	E	R	S	A
P	E	R	H	V	E	R	N	R	J	R
H	C	H	A	T	T	E	R	U	O	D
O	V	Z	N	R	Ê	V	E	R	U	E
N	I	F	T	H	S	H	N	O	E	R
E	C	H	E	R	C	H	E	R	R	L
R	M	I	R	L	A	P	O	E	S	M

1. travailler
2. rentrer
3. téléphoner
4. écouter
5. chatter
6. rêver
7. chercher
8. regarder
9. jouer
10. chanter

b Écris une phrase dans ton cahier avec chaque verbe de **a**. | Schreibe mit jedem Verb von **a** einen Satz in dein Heft. (▶ Repères, p. 45)

Apprendre à apprendre

7 Verstecke Wörter in einem Wortgitter für deine Mitschüler/innen. Denke auch an die Lösung, damit du deine Mitschüler/innen korrigieren kannst. (▶ Apprendre à apprendre, p. 41/7; Liste des mots, p. 194–204)

S	A	R	M	O	I	R	E	D	E	R
G	L	O	B	E	J	D	C	F	Q	F
U	O	K	I	W	K	O	P	A	G	P
I	I	Q	M	Y	B	B	E	O	N	H
T	A	B	L	E	A	R	U	S	C	L
A	S	É	I	C	N	L	S	T	H	M
R	R	D	V	M	S	X	G	Y	A	Q
E	L	É	R	V	K	S	T	L	I	T
V	T	Z	E	T	Z	R	J	O	S	H
M	I	N	I	C	H	A	Î	N	E	I

1. *une chaise*
2. *un lit*
3. *une minichaîne*
4. *une armoire*
5. *une guitare*
6. *une table*
7. *un livre*
8. *un globe*
9. *un stylo*
10. *une bédé*

Écrire

8 Corrige les fautes et écris la phrase correcte. | Streiche das falsche Wort durch und schreibe den korrekten Satz auf.

1. Tu t'appelles Lucas ou / ~~où~~ Lukas?
   Tu t'appelles Lucas ou Lukas?
2. ~~Qu'est-ce qu'~~ / Qu'est-ce que tu fais après l'école?
   Qu'est-ce que tu fais après l'école?
3. ~~Ou~~ / Où sont les / le biscuits?
   Où sont les biscuits?
4. Nous jouons une partie de / ~~des~~ cartes.
   Nous jouons une partie de cartes.
5. Qu'est-ce qu' / ~~Qu'est-ce que~~ il y a sur ~~là~~ / la table?
   Qu'est-ce qu'il y a sur la table?
6. Tu es là / ~~la~~ ?
   Tu es là?
7. Noah est le / ~~les~~ copain de Karim.
   Noah est le copain de Karim.
8. Sur l'étagère, il y a des / ~~de~~ pierres.
   Sur l'étagère, il y a des pierres.

Regarder et comprendre

9

Va sur le site scook.de/bayern et tape le code, page 1.
Regarde le film et fais l'exercice p. 87–88.

1 Qu'est-ce qu'on dit?

Comment est-ce que tu dis cela en français? | Wie sagst du auf Französisch, dass …

1. es einen Schrank und eine Hängematte in deinem Zimmer gibt.

____

____

2. die Fernbedienung auf dem Regal ist.

____

____

3. jemand bitte mit dir spielen soll.

____

____

4. du jetzt nicht kannst: du arbeitest.

____

____

2 Wortschatz

Retrouve les dix noms et écris-les avec l'article indéfini. | Finde die zehn Nomen wieder und schreibe sie mit dem unbestimmten Artikel auf.

____

____

____

____

____

____

____

3 Ortsangaben

Regarde la chambre de Louise et complète. | Schau dir Louises Zimmer an und vervollständige die Beschreibung.

Dans la chambre de Louise, il y a des bédés et des biscuits ______________ le lit. Les CD sont ______________ la table et les stylos ______________

l'ordinateur. La minichaîne est ________________ l'armoire, ________________ et les livres

________________. La guitare est ________________ l'armoire. Le shampoing est

________________ l'étagère ________________ les pierres et la lampe.

4 Die unbestimmten Artikel und die Nomen im Plural

Qu'est-ce qu'il y a dans la cour? Décris. Utilise *un/une/des* ...

Dans la cour, il y a ________________________________

____

____

____

____

____

____

5 Der bestimmte und der unbestimmte Artikel

Grammaire mixte: Complète. Utilise l'article défini ou indéfini. | Setze einen bestimmten oder einen unbestimmten Artikel ein.

Voilà ________ chambre. C'est ________ chambre de Léon. Dans ________ chambre de Léon, il y a ________ coin bédé avec ________ posters et ________ collection de figurines. Et sur l'étagère, il y a ________ collection de bédés de Léon.

6 Die Verben auf *-er*

Complète. Setze die passenden Verbendungen ein.

1. Yasmine travaill_______ avec Clara. Après, elles écout_______ des CD et chant_______.
2. – Vous cherch_______ des informations sur Internet avec moi?
   – Non, pas maintenant. Nous travaill________.
3. – Tu regard_______ des photos ? – Oui, je cherch_______ des photos de l'école.
4. – On écout_______ un CD ensemble ? – Non! Tu m'énerv_______! Je téléphon_______ .
5. Les garçons regard________ la télé. Après, Karim jou_______ avec Zorah.

Unité 3 Ma famille

VOLET 1

Vocabulaire

1 Retrouve les noms et utilise *le*, *la*, *l'*. | Bringe die Buchstaben in die richtige Reihenfolge und schreibe die Wörter mit dem bestimmten Artikel *le*, *la*, *l'* auf.

1. èrme 2. rèep 3. osinuc 4. drang-erèp 5. lifle 6. sifl 7. rusœ 8. conle 9. grnad-emrè 10. netat 11. isonuce 12. rèref

1. la mère
2. le père
3. le cousin
4. le grand-père
5. la fille
6. le fils
7. la sœur
8. l'oncle
9. la grand-mère
10. la tante
11. la cousine
12. le frère

Grammaire

2 Complète. Utilise *mon*, *ma* ou *mes*. (▶ Repères, p. 66/1)

Dans __ma__ chambre, il y a un coin photos. Sur une photo, il y a __mes__ parents. Ils sont à Paris avec __ma__ sœur. Il y a aussi une photo avec __mon__ père et __ma__ tante Charlotte. Ils sont chez __mes__ grands-parents. Il y a une photo avec __mon__ oncle Mario, __ma__ mère, __ma__ cousine Lorette et __mon__ grand-père. Ils sont chez __mon__ arrière-grand-mère à Nice. Il y a aussi une photo de __mes__ cousines Germaine et Léonie. Elles sont dans __ma__ chambre, devant __mon__ coin photos.

VOLET 2

Vocabulaire

1 **Regarde la carte et complète. Utilise** *à*, *entre*, *en*, *près de*.

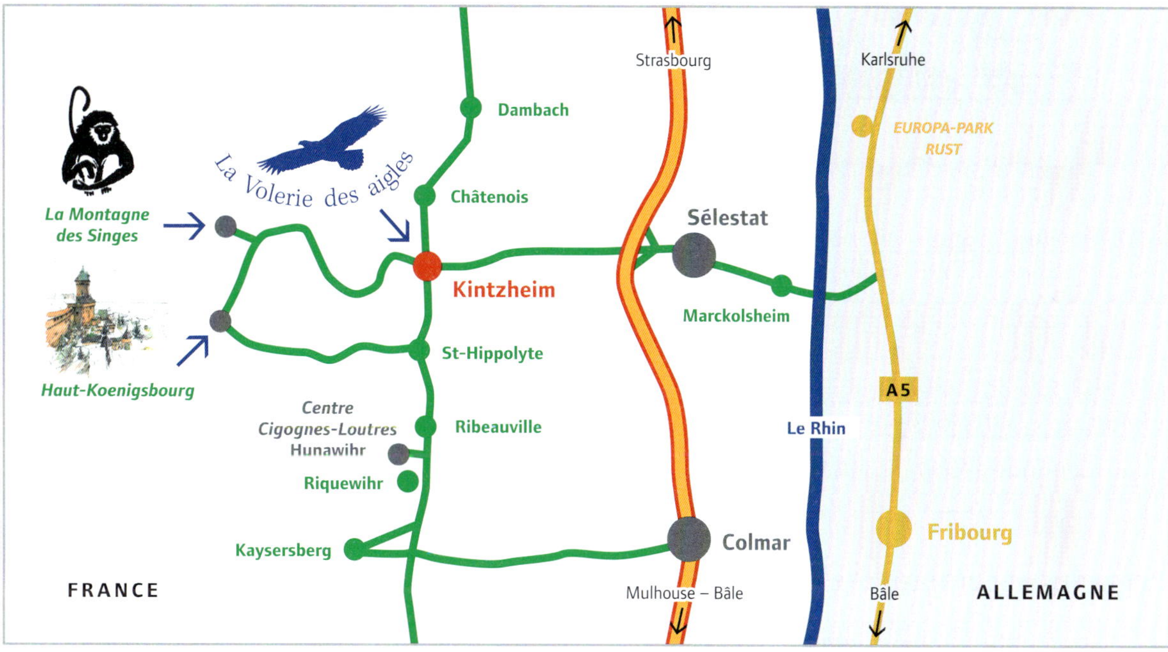

La Volerie des aigles[1] est ___en___ France, ___à___ Kintzheim. Kintzheim est ___près de___ Sélestat. Sélestat est ___entre___ Colmar et Strasbourg. Le «Europa-Park» est ___en___ Allemagne, ___à___ Rust. Rust est ___entre___ Karlsruhe et Fribourg. Le Rhin est ___entre___ la France et l'Allemagne. Et la Montagne des singes[2]? Elle est aussi ___en___ France, ___près de___ la Volerie des aigles.

1 **la Volerie des aigles** der Greifvogelpark 2 **la Montagne des singes** der Affenberg

2 **Relie.** | **Leon unterhält sich mit seinem französischen Freund Alex. Leon spricht Deutsch, Alex versteht ihn, antwortet jedoch auf Französisch. Was antwortet Alex? Verbinde.**

LEON

- In unserer Wohnung gibt es zwei Badezimmer. **1**
- Ich glaube, du verstehst dich gut mit deinen Geschwistern. **2**
- Meine Oma wohnt 1000 Kilometer entfernt von uns. **3**
- Nach der Schule muss ich auf meinen Bruder aufpassen. **4**
- Meine Mutter arbeitet fünf Minuten von hier entfernt. **5**
- Ich finde deine Eltern nett! **6**

ALEX

- **a** C'est loin!
- **b** C'est pratique!
- **c** Mon père, ça va, mais ma mère … elle m'énerve!
- **d** C'est pénible, non?
- **e** Oui, on rigole bien!
- **f** Alors, elle est vite à la maison!

Grammaire

3 a Forme les phrases. Utilise *ton*, *ta*, *tes* et *mon*, *ma*, *mes*. (▶ Repères, p. 66/1)

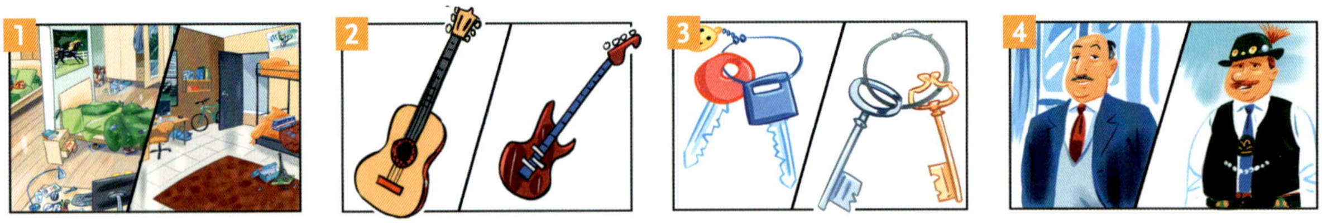

1. Voilà ta chambre et voilà ma chambre.
2. Voilà ta guitare et voilà ma guitare.
3. Voilà tes clés et voilà mes clés.
4. Voilà ton oncle/père/grand-père et voilà mon oncle/père/grand-père.

b Continue avec *frère*, *parents*, *sœur*, *amie*, *copains*, *copines*, *école*. Écris les phrases dans ton cahier.

Regarder et comprendre

4

Va sur le site scook.de/bayern et tape le code, page 1.
Regarde le film et fais l'exercice p. 88.

Écrire

5 Regarde l'album de photos de Gabriel et complète les commentaires. Imagine. | Stell dir vor, was Gabriel zu seinen Fotos erzählen könnte. Schreibe in dein Heft.

Là, c'est moi, Gabriel, je suis dans ___.

Et voilà ___. Ils sont ___.

VOLET 3

Lire et comprendre

1 **C'est qui? Relis les textes p. 57 et réponds. | Lies die Texte auf S. 57 deines Buchs noch einmal durch und vergleiche. Von wem ist in den 6 Sätzen die Rede?**

C'est

1. Il habite à Paris avec son père et son frère. *Paul*
2. Elle joue beaucoup avec ses frères et sœurs. *Mathilde*
3. Son père habite à Genève avec sa femme et les deux fils de sa femme. *Jade*
4. Ses sœurs ont 5 et 7 ans. *Mathilde*
5. Il est toujours dans sa chambre avec son hamster. *Paul*
6. Ses frères ont 18 et 20 ans. *Julien*

Écouter et comprendre

12

2 **Écoute et complète. | Die Geschwister der Kinder, die die Leserbriefe auf S. 57 geschrieben haben, melden sich zu Wort. Lies die Briefe noch einmal durch und hör dir die Texte an. Ergänze die Sätze mit den richtigen Namen. Ein Name bleibt übrig.**

1. Arthur est dans la famille de *Jade*.
2. Rose est dans la famille de *Mathilde*.
3. Clément est dans la famille de *Paul*.

~~Mathilde?~~ Simon? ~~Paul?~~ ~~Jade?~~

Vocabulaire

3 **Retrouve les nombres de *un* à *dix* dans la grille et complète. | Suche die Zahlen von eins bis zehn im Raster heraus und schreibe sie auf.**

A	S	N	E	U	F	A	D	E	R
U	N	D	G	I	H	S	I	N	U
D	E	U	F	R	A	H	U	I	T
A	L	A	D	E	U	X	I	K	O
U	S	E	P	T	I	O	U	P	O
Q	U	A	T	D	I	X	S	I	Z
S	I	S	T	R	O	S	I	X	L
T	R	O	I	S	A	C	I	N	K
J	O	U	Q	U	A	T	R	E	S
C	I	N	Q	U	T	R	I	L	B

1. *un*
2. *deux*
3. *trois*
4. *quatre*
5. *cinq*
6. *six*
7. *sept*
8. *huit*
9. *neuf*
10. *dix*

4 **Écris le numéro des pages de ton carnet jusqu'à *vingt* en toutes lettres. | Schreibe die Seitenzahlen dieses Arbeitsheftes bis zwanzig aus.** (▶ Les nombres en français, p. 189)

Grammaire

5 **Complète par** *mon, ma, mes, ton, ta, tes, son, sa, ses.* | **Lukas stellt Théo seine Familie vor. Ergänze den Dialog.**

Lukas: Regarde. Là, c'est __mon__ père. Il parle avec __ma__ tante Anna, c'est __sa__ sœur.

Théo: Et là, ce sont __tes__ grands-parents?

Lukas: Oui. Et les enfants entre __mon__ grand-père et __ma__ grand-mère, ce sont __mes__ cousins.

Théo: Et là, c'est __ta__ mère?

Lukas: Oui. Et regarde, là c'est __ma__ cousine, Marie. Elle habite à Paris avec __son__ père et __sa__ belle-mère.

Théo: J'ai aussi un cousin à Paris! Il habite à Montmartre avec __ses__ parents et __mon__ grand-père.

6 **Grammaire mixte: Complète avec le verbe et l'article possessif.** | **Ergänze die Sätze mit der passenden Form des Verbs aus dem vorangehenden Satz und dem Possessivbegleiter.** (▶ La conjugaison des verbes, p. 190)

1. Le beau-père de Simon crie beaucoup. Et les parents de Zoé, ils __crient__ aussi?
2. – Tu habites à Illkirch?
   – Oui, et vous, vous __habitez__ où?
3. Après l'école, Clara garde __sa__ sœur. Je __garde__ __mon__ frère.
4. Clara rêve sur __son__ lit. Et toi, tu __rêves__ sur __ton__ lit?
5. Jade passe les vacances chez __son__ père. Nous __passons__ le week-end ensemble.
6. – Yasmine, tu rentres avec __ton__ frère?
   – Non, aujourd'hui, il __rentre__ avec __ses__ copains, je __rentre__ avec vous.
   – Super, on __rentre__ ensemble!

7 **a** **Retrouve les formes des verbes et complète la conjugaison.** (▶ La conjugaison des verbes, p. 190)

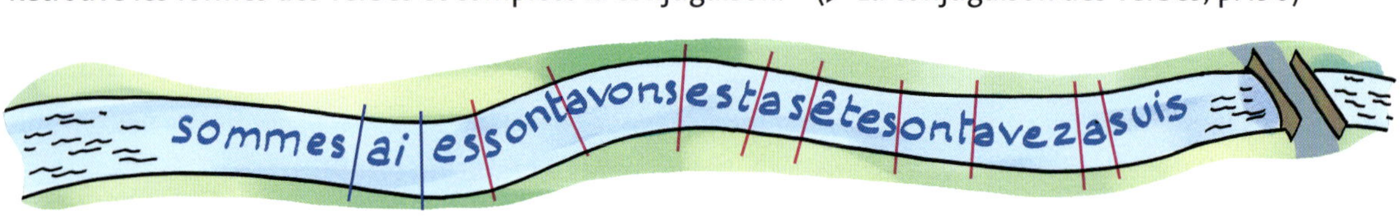

être		avoir	
je	*suis*	j'	*ai*
tu	*es*	tu	*as*
il/elle	*est*	il/elle	*a*
nous	*sommes*	nous	*avons*
vous	*êtes*	vous	*avez*
ils/elles	*sont*	ils/elles	*ont*

b **Grammaire mixte: Complète.** | **Ergänze Annabelles Brief mit den passenden Formen von** *être* **oder** *avoir* **und dem passenden Possessivbegleiter: meine/e ●, dein/e ★ oder sein/e bzw. ihr/e ■.**

___*Ma*___ ● famille **Comment ça va, dans ___*ta*___ ★ famille?**

J'/~~Je~~ ___*ai*___ treize ans. Je/~~J'~~ ___*suis*___ de Strasbourg. ___*Mes*___ ● parents ___*sont*___ séparés, alors, j'habite à Marseille avec ___*ma*___ ● mère, ___*son*___ ■ copain et ___*mes*___ ● frères et sœurs. Nous ___*sommes*___ trois enfants. ___*Mon*___ ● frère ___*a*___ quinze ans et ___*ma*___ ● sœur onze ans. ___*Mon*___ ● frère ___*est*___ toujours avec ___*ses*___ ■ copains. ___*Ma*___ ● sœur et moi, nous ___*sommes*___ toujours ensemble. Nous ___*avons*___ aussi un hamster, Chouchou. Le copain de ___*ma*___ ● mère ___*est*___ sympa. Il ___*a*___ aussi des enfants. Ils ___*ont*___ dix-neuf et vingt ans. Pendant la semaine, ils ___*sont*___ à Paris. Ils rentrent le week-end. On rigole bien!

Annabelle

Écrire

8 **Et toi, comment ça va, dans ta famille? Écris une lettre comme Mathilde, Paul, Jade ... Tu peux aussi inventer une famille.** | **Schreibe einen Brief wie Mathilde, Paul, Jade, ... Du kannst auch eine Familie erfinden.** (▶ Textes, p. 57)

J'ai onze ans. Je suis de Fribourg. Mes parents sont ensemble. Dans ma famille, nous sommes deux enfants. Mon frère a huit ans. Nous avons une tortue. Elle est toujours dans ma chambre. Maria

VOLET 4

Écouter et comprendre

13

1 Regarde les dessins et écoute. Qu'est-ce qui va ensemble? Note. | Ordne zu. Nicht alle Sprecher haben ein Tier und nicht alle Tiere haben einen Besitzer!

a Astrid | b Charles | c Florian | d Zoé | e Mélanie | f Abdel

1 *b*

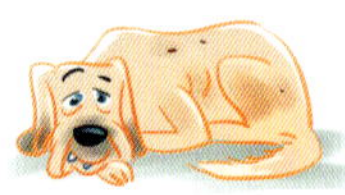
2 *f*

3 *e*

4 *a*

5 *c*

6

Grammaire et vocabulaire

2 Qu'est-ce qui va ensemble? Relie. (▶ Repères, p. 67/3)

Il est **1**	**a** intelligentes.
Elle est **2**	**b** intelligent.
Ils sont **3**	**c** intelligente.
Elles sont **4**	**d** intelligents.

1 – b, 2 – c, 3 – d, 4 – a

3 **a** Retrouve les adjectifs et écris-les. Puis, note la forme au féminin.

masculin	féminin
super	*super*
joli	*jolie*
bavard	*bavarde*
sympa	*sympa*
adorable	*adorable*
intelligent	*intelligente*
moche	*moche*

b Complète. Utilise des adjectifs de **a**. Attention à l'accord! | Achte auf die Angleichung des Adjektivs!

1 Il est *moche*.

2 La fille est *intelligente*.

3 Ils sont *adorables*.

4 Le chien est *sympa*.

5 Elle est *jolie*.

6 Elles sont *bavardes*.

Regarder et comprendre

4

Va sur le site scook.de/bayern et tape le code, page 1.
Regarde le film et fais l'exercice p. 88.

Parler

5 Prépare le dialogue p. 80 et joue-le en classe.
(▶ Méthodes, p. 179)

Médiation/Écrire

6 **a** Deine Tante meint, das sei eine Werbung für einen Zoo. Schau dir das Plakat an und sage ihr, worum es sich tatsächlich handelt.

um ein Filmplakat

b Décris l'image. | Beschreibe das Bild in deinem Heft.
Dazu kannst du folgende Redemittel benutzen:

À droite / À gauche Devant/Derrière ___ Dans ___	il y a ___.	Le ___ / La ___ est	adorable, sympa. joli/e, cool. moche.	le poussin[1] le cheval[2] la plaque[3] pousser qn[4]

Weitere Vokabeln kannst du auch in einem Wörterbuch nachschlagen.

1 **le poussin** das Küken 2 **le cheval** das Pferd 3 **la plaque** die Pfütze 4 **pousser qn** jdn schubsen

7 Retrouve les questions de Djamel. Utilise *Quel est ___ ? / Quelle est ___ ?* ou *Quels sont ___ ? / Quelles sont ___ ?* | Pierre unterhält sich mit Djamel. Schreibe die Fragen auf, die Djamel gestellt hat. Verwende *Quel est ___ ? / Quelle est ___ ?* oder *Quels sont ___ ? / Quelles sont ___ ?* (▶ Repères, p. 67/4)

1. *Quel est ton film préféré?*
   Mon film préféré, c'est «Twilight».
2. *Quelles sont tes bédés préférées?*
   Mes bédés préférées? Ce sont Astérix et Tintin.
3. *Quelle est ta musique préférée?*
   Ma musique préférée? J'adore Stromae et Zaz.
4. *Quels sont tes livres préférés?*
   Mes livres préférés, ce sont «Harry Potter» et «Le Petit Prince».

1 Die Verben *lire* und *écrire*

Grammaire mixte: Complète. | Vervollständige die Sätze mit den Formen der Verben *lire* und *écrire*.

Karim: Théo, qu'est-ce que tu ________, après l'école sur ton lit?

Théo: Moi, je ________ des bédés. Et toi et ta sœur, vous ________ beaucoup?

Karim: Yasmine ________ beaucoup mais moi, je chante avec Noah et j'________ des textes.

Théo: Les filles ________ toujours beaucoup ... Est-ce que Noah ________ aussi des textes?

Karim: Oui, Noah et moi, nous ____________ des textes ensemble.

Théo: C'est cool! Vous ____________ aussi le rap pour le collège?

Noah: Non, les élèves de la 5e A ____________ «le rap du collège» avec le prof de musique.

2 Wortschatz

Complète.

Le **1** et la **2** de Clara ont un bar à jus de fruits. Le week-end, ils **3** aussi à la Vitamine C et rentrent **4**. Alors Clara, son **5** Alexandre et sa **6** Camille **7** le week-end avec les **8**. Ils **9** aussi à Strasbourg, c'est **10**. Et Filou, c'est qui? C'est le **11** de Lukas? Non, c'est le **12** de Clara.

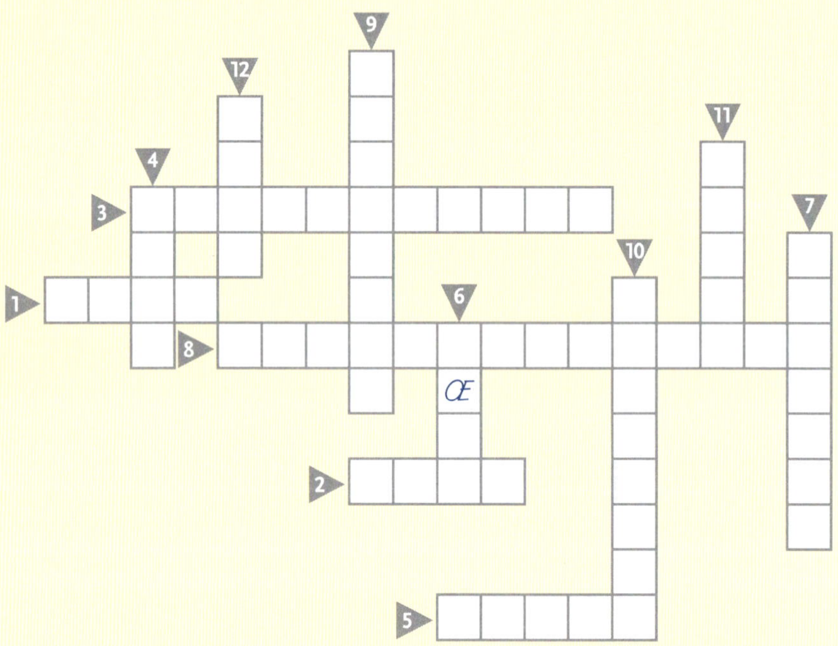

3 Die Verben *être* und *avoir*

Grammaire mixte: Complète. | Vervollständige die Sätze mit den Formen von *avoir* oder *être*.

Salut, moi c'______ Ambre! J'______ 13 ans. Je ______ en cinquième, dans une école de Strasbourg. À la maison, nous __________ trois enfants. J'______ un frère et une sœur, Arthur et Anabelle. Ils ______ 14 et 15 ans. Ils ______ cool. Mon frère ______ dans un groupe de rock. Ma sœur et moi, nous ________ une collection de bédés. Il y ______ aussi Toby, le chien. Et vous, vous ________ des frères et sœurs? Vous ______ aussi de Strasbourg?

4 Die Possessivbegleiter

Complète. Utilise *mon, ma, mes, ton, ta, tes, son, sa, ses.*

Salut Laurie!

Voilà des photos de ________ école. Les filles et les garçons, ce sont ________ copains. Il y a Fiona et Jil.

Fiona est toujours avec ________ guitare et Jil avec ________ bédés. Entre ________ deux copines, c'est

Mehdi avec ________ frère Sami. Il est très sympa aussi. Il n'est pas dans ________ classe, mais en

cinquième.

Toi et ________ parents, ça va? ________ adresse, c'est toujours

3, place Bellecour à Lyon? J'ai toujours ________ livre sur les animaux!

À plus, ________ copine, Sara.

5 Das Adjektiv

Mets les noms et les adjectifs à la forme correcte. | Ergänze mit den Nomen und den Adjektiven in der richtigen Form.

1. Le ____________ de Lukas est ________________. (chien / intelligent)
2. Mes ____________________ sont ________________. (frère et sœur / bavard)
3. La ________________ de Léo est ________________. (chambre / joli)
4. Tes ________________ sont ________________. (tante / bavard).
5. Les ________________ de Clara sont ________________. (cousin / sympa)

6 Qu'est-ce qu'on dit?

Dis le contraire! Dans certains cas, il y a plusieurs possibilités. | Sage das Gegenteil! In manchen Fällen gibt es mehrere Möglichkeiten.

1. Ses parents rentrent **tard**. ≠ ______________________________
2. La photo est **moche**. ≠ ______________________________
3. Je passe les vacances à Strasbourg. **C'est l'horreur**. ≠ ______________________________
   ____
4. Ses parents **sont ensemble**. ≠ ______________________________
5. Ma mère est **au chômage**. ≠ ______________________________
6. Mon lapin est **adorable**. ≠ ______________________________

Solutions, p. 94

Fais le point ____ *trente-et-un* ____

Unité 4 Mes copains et mes activités

VOLET 1

Vocabulaire

1 **a** Retrouve les mots et écris-les avec l'article défini. | Stelle die Nomen wieder richtig zusammen und schreibe sie mit dem bestimmten Artikel auf. (▶ Liste des mots, p. 213)

gui	nis
thé	se
ten	tare
dan	âtre
percus	que
athlé	te
flû	sions
musi	tisme

la guitare, le théâtre, le tennis, la danse, les percussions,

l'athlétisme, la flûte, la musique

b Range les mots de **1a** dans la bonne colonne. | Ordne die Wörter von **a** in die richtige Spalte ein. (▶ Repères, p. 87/5)

On fait **du**	On fait **de la**	On fait **de l'**	On fait **des**
tennis	*guitare*	*athlétisme*	*percussions*
théâtre	*danse*		
	flûte		
	musique		

Grammaire

2 Complète par les formes de *faire*. | Ergänze die Sätze mit den Formen von *faire*. (▶ La conjugaison des verbes, p. 191)

– Yasmine, tu ___*fais*___ du sport?

– Oui. Je ___*fais*___ de l'athlétisme, et avec ma copine Clara, on ___*fait*___ du théâtre. Et nous ___*faisons*___ aussi de la musique.

– Vous ___*faites*___ de la musique ensemble?

– Oui.

– Et tes frères et sœurs?

– Mes deux frères ___*font*___ du foot et de l'athlétisme. Ma sœur ___*fait*___ de la danse.

Apprendre à apprendre

3 a Eine Höraufgabe, bei der du nur bestimmte Informationen verstehen sollst, kannst du so vorbereiten:

– Lies dir zunächst einmal die Aufgabenstellung (b) genau durch und beantworte folgende Fragen:

1. Wie heißen die Personen, um die es geht?
2. Um welche Sportarten und Hobbys geht es?

– Hör dir dann erst den Text an und löse die Aufgabe b.

15

b Écoute. Qui fait quoi? Relie. | Wer macht was? Ordne zu. Mehrere Antworten sind möglich.

Pierre 1	a fait de l'athlétisme
Magali 2	b fait de la danse
Inès 3	c fait des percussions
Louis 4	d fait de l'aviron
	e fait du ski
	f fait du théâtre
	g fait de la guitare

c Qu'est-ce qu'ils font? Utilise tes réponses de b et présente les quatre jeunes et leurs hobbys. Écris dans ton cahier. | Verwende deine Antworten von b und stelle die vier Jugendlichen und ihre Hobbys vor. Schreibe in dein Heft.

Médiation

4 Lies die Anzeige unten und beantworte folgende Fragen deiner Geschwister (7 und 15 Jahre alt) auf Deutsch:

1. Kann man beim VASP Musik machen? – nein
2. Wie viele Sportarten gibt es? – (mehr als) 60
3. Gibt es auch Angebote für den Winter? – ja (Ski, Snowboard)
4. Könnten deine Geschwister auch mitmachen? – ja (7–17 Jahre)

VOLET 2

Vocabulaire

1 Complète. | Ergänze die fehlenden Nomen.

Les hobbys de mes copains:

1. Mathéo fait du ___foot___ . Il aime aussi le ___ski___ 

et il adore l'___aviron___ .

2. Flore fait de la ___flûte___ . Elle adore aussi chanter. C'est l'horreur!

Le week-end, nous faisons du ___vélo___  ensemble.

3. Lili aime la ___musique___  et le ___théâtre___  et elle

adore le ___dessin___  et les ___chats___ .

4. Ludovic déteste le ___foot___ . Il aime la ___bédé___  et

il adore le ___dessin___ . Il fait aussi de la ___guitare___ .

Écouter et comprendre

16

2 **a** Écoute le texte. | Hör dir den Text an. Von welchen Hobbys und Sportarten ist in diesem Text die Rede? Kreuze an. (▶ Apprendre à apprendre, p. 33/3a)

☒ la musique classique	☐ le théâtre	☐ le tennis	☒ le rap	☒ danser	☐ le vélo
☒ chanter	☒ le foot	☐ la guitare	☒ la bédé	☐ les animaux	☒ Titeuf
☒ le dessin	☐ le cinéma	☐ le rock	☒ le sport	☒ l'athlétisme	☒ la lecture

b Écoute le texte encore une fois. Qui aime quoi? | Hör dir den Text noch einmal an und notiere, was Mathilde, Paul, Margot und Arthur mögen und was sie nicht mögen.

Mathilde aime la musique classique et le foot. Elle n'aime pas le rap.

Paul aime le rap, le foot et le sport. Il n'aime pas l'athlétisme et il n'aime pas danser.

Margot aime danser, chanter, la bédé et Titeuf. Elle n'aime pas le foot.

Arthur aime le rap, la lecture et le dessin. Il n'aime pas le foot et il n'aime pas Titeuf.

c Suche dir eine/n der vier Jugendlichen aus und stelle schriftlich vor, was diese Person mag oder nicht mag. Schreibe in dein Heft.

Parler

3

Fais le tandem, p. 81 avec ton/ta partenaire.

Grammaire

4 a Complète. Utilise *ne ... pas*. (▶ Repères, p. 87/3)

b À toi. Écris encore deux dialogues comme en **a**. | Schreibe zwei weitere Dialoge in dein Heft.

5 Complète. | Ergänze mit den richtigen Formen von *préférer*. (▶ La conjugaison des verbes, p. 190)

1. Lou aime la guitare, mais elle ___préfère___ les percussions.
2. Tu aimes la flûte, mais tu ___préfères___ la guitare?
3. Vous aimez le dessin, mais vous ___préférez___ la musique.
4. Tom et Marie aiment l'athlétisme, mais ils ___préfèrent___ le tennis.
5. Nous aimons le foot, mais nous ___préférons___ l'athlétisme. Et toi?
6. J'aime ___(Individuelle Lösung)___.

6 **Grammaire mixte:** Lis d'abord le texte. Puis trouve les mots et complète le texte. | Lies erst den Text. Dann finde die Wörter und vervollständige den Text.

copain | le | la | l' | les | copine | ils | sont | de la | de l' | du | des | bédés | filles | elles

Voilà Tim et son *copain* Tom. *Ils* font *de l'* aviron. *Ils* aiment aussi *le* foot, mais ils préfèrent *l'* aviron. Ils adorent *la* musique: Tim fait *de la* guitare et Tom fait *des* percussions.

Et là, ce *sont* Lucie et sa *copine* Léa. Les deux *filles* font *du* théâtre. *Elles* aiment aussi *la* musique: Lucie fait *de la* guitare et Léa chante. *Elles* font *de la* musique avec Tim et Tom. Elles aiment aussi *le* dessin. Léa adore *les* *bédés* de Titeuf. Mais les deux filles détestent *le* sport.

Écrire

7 Complète les mots par les bonnes lettres. | Setze die Buchstaben mit dem richtigen Akzent in die Wörter ein.

Moi, je d*é*teste le sport. Je pr*é*f*è*re le dessin. Je fais aussi du th*é**â*tre *à* l'*é*cole. Et j'aime *ê*tre avec mes copains.

8 Un copain français te pose des questions. Tu réponds dans ton cahier. | Ein französischer Freund stellt dir Fragen. Beantworte sie in deinem Heft.

1. Tu as quel âge?
2. Moi, j'habite à Marseille. Et toi?
3. J'ai une sœur et un frère. Et toi?
4. Tu as des animaux?
5. Qu'est-ce que tu préfères: le foot ou le tennis?
6. Mon groupe préféré, c'est les BB Brunes. Et ton groupe préféré?
7. Je fais de la danse. Et toi, qu'est-ce que tu fais?

9 Complète le rap avec les formes du verbe *dire*. (▶ Repères, p. 87)

Je *dis*: «Où est Noah?»
Tu *dis*: «Je ne sais pas!»
Il *dit*: «Il fait du ski.»
Elle *dit*: «À Chamonix.»

Nous *disons*: «Avec Lin.»
Vous *dites*: «C'est sa cousine.»
Ils *disent*: «Elle est de Colmar.»
Elles *disent*: «Elle est très sympa.»

VOLET 3

Lire et comprendre

1 **Lis les phrases et retrouve l'ordre du dialogue. Écris-le dans ton cahier. | Lies dir die Sätze durch und stelle die richtige Reihenfolge des Dialogs wieder her. Schreibe ihn in dein Heft. Die Buchstaben in der richtigen Reihenfolge ergeben ein Lösungswort.**

7	É	– Oui, ça va.
2	I	– Je ne sais pas encore …
4	E	– Oh, merci, c'est sympa! C'est une super idée! Je demande à ma mère …
6	T	– Trop cool! On passe chez toi à 10 heures. D'accord?
3	B	– Écoute, dimanche, on veut faire une balade à la Montagne des singes et … je t'invite. Mes parents sont d'accord!
1	L	– Qu'est-ce que tu fais, ce week-end?
5	R	– Super, ma mère est d'accord!

À la Montagne des singes, il y a des singes en L I B E R T É.

Vocabulaire

2 **a** **Matti hat die neuen Nomen des *Volet* 3 in ein Vokabellernprogramm eingegeben, aber das Programm hakt und hat die Selbstlaute von den Mitlauten getrennt. Schreibe die Nomen vollständig mit dem bestimmten Artikel auf.** (▶ Liste des mots, p. 216)

voyelles *(Selbstlaute)* = A E I O U Y

consonnes *(Mitlaute)* = B C D F G H J K L M N P Q R S T V W X Z

	consonnes	voyelles	
1.	w k - n d	e e e	le week-end
2.	d m n c h	i a e	le dimanche
3.	b l d	a a e	la balade
4.	s n g	i e	le singe
5.	d	i é e	l'idée
6.	p r c	a	le parc
7.	l b r t	i e é	la liberté
8.	h r	e u e	l'heure
9.	m n t g n	o a e	la montagne

b **À toi. | Erfinde weitere Worträtsel wie in a für deinen/deine Partner/in.** (▶ Liste des mots, p. 213)

Grammaire

3 *pou-* **ou** *peu-*? *vou-* **ou** *veu-*? **Complète les formes des verbes** *pouvoir* **et** *vouloir*.

p_o_u_voir	v_o_u_loir
je p_e_u_x	je v_e_u_x
tu p_e_u_x	tu v_e_u_x
il/elle p_e_u_t	il/elle v_e_u_t
nous p_o_u_vons	nous v_o_u_lons
vous p_o_u_vez	vous v_o_u_lez
ils/elles p_e_u_vent	ils/elles v_e_u_lent

Vouloir, pouvoir, die sind leicht.
-x bei *je* und *tu*, das reicht!
Vier Mal steht hier *-eu-* statt *-ou-*,
denn *-ou-* steht nur bei *nous* und *vous*.

4 **Grammaire mixte: Complète les dialogues avec les formes de** *pouvoir* **et** *vouloir* **et** *qu'est-ce que* **ou** *est-ce que*.

1. – Yasmine, ____est-ce que____ tu joues avec moi?
   – Non, Zorah, je ne ____peux____ pas. Je travaille.
2. – Maman, ____est-ce qu'____ on ____peut____ regarder des DVD?
   – ____Qu'est-ce que____ vous ____voulez____ regarder?
   – On ____veut____ regarder le nouveau DVD de Bilal.
3. – Maman, ____est-ce que____ nous ____pouvons____ inviter Noah ce week-end?
   – Non, avec papa, nous ____voulons____ être tranquilles le week-end.
   – Oh, maman, papa, vous ne ____pouvez____ pas être contre!
4. – ____Qu'est-ce que____ les enfants ____veulent____ écouter?
   – Le CD de Louane! Mais ils ne ____peuvent____ pas: La minichaîne ne marche pas!

5 **a** Retrouve l'ordre des mots. | Finde die richtige Reihenfolge der Wörter wieder, konjugiere die Verben und schreibe die Fragen in deinem Heft auf.

b Denk dir noch zwei Fragen wie in **a** aus. Dein Lernpartner bringt die Wörter in die richtige Reihenfolge und beantwortet die Fragen.

1. Est-ce que | le rap | *aimer* | tu | ?
2. du ski | Est-ce que | *faire* | tu | ?
3. tu | *inviter* | Est-ce que | tes copains | dimanche | ?
4. l'école | *faire* | après | Qu'est-ce que | tu | ?
5. *vouloir* | dimanche | vous | faire | Qu'est-ce que | ?

6 a **Pose des questions.** | **Eure Klasse trifft sich das erste Mal mit französischen Schülern. Du bereitest Fragen vor, die du den Schülern stellen willst. Schreibe sie in deinem Heft auf. Du fragst:**

Est-ce que ...?

Qu'est-ce que ...?

- ob er/sie die Schule mag;
- was er/sie gerne macht;
- was er/sie am Wochenende macht;
- ob er/sie Sport treibt;
- was er/sie denn macht;
- ob er/sie ein Tier hat;
- ob er/sie Titeuf mag;
- ob er/sie eine/n Lieblingssänger/in hat;
- ob er/sie einen Ausflug machen will.

b **Spielt zu zweit das Gespräch der französischen und der deutschen Schüler. Eine/r stellt die Fragen, der/die andere beantwortet sie. Verwendet die Fragen von a.**

Écouter et comprendre

7 a **Vrai ou faux? Coche.** | **Kreuze an. Korrigiere die falschen Sätze. Schreibe in dein Heft.**

	vrai	faux
1. Camille est ~~la sœur~~ de Max. *une amie*	☐	☒
2. Max invite Camille.	☒	☐
3. Camille n'aime pas l'aviron.	☒	☐
4. Dimanche, ~~Camille~~ fait de l'aviron. *Max*	☐	☒

Tipp: Bevor du diese Höraufgabe löst, schlag noch einmal folgende Übung auf:
▸ *Apprendre à apprendre, p. 33/3a.*
Hör dir dann den Text an und löse die Aufgaben.

b **Écoute encore une fois et complète.**

1. Max a *deux* cousins. 2. Ils veulent faire de l'*aviron* sur l'*Ill*.

3. Ils passent chez Victor à *huit* heures. 4. Ils rentrent à *six ou à sept* heures.

c **Qu'est-ce que tu apprends sur Victor? Écoute et résume.** | **Was erfährst du über Victor? Fasse zusammen.**

Victor a une sœur Camille et un copain Max. Il adore l'aviron et il veut faire de l'aviron dimanche sur l'Ill. Ses parents sont d'accord.

Écrire

8 **Écris le dialogue dans ton cahier.**

Allô, c'est Yasmine/Théo?

Stell dir vor:

Du bist in Straßburg und rufst bei Yasmine/Théo an. → Sie/Er meldet sich.

Allô?

Du begrüßt sie/ihn und sagst, wer du bist (Name und Alter). Du sagst auch, dass du aus ___ kommst und neu in Straßburg bist. → Sie/Er will wissen, wo du in Straßburg wohnst.

Du sagst, dass du in der Nähe ihrer/seiner Schule wohnst und dass du Freunde suchst. → Sie/Er fragt dich nach deinen Hobbys.

Du sagst, was du magst und ihr findet einige Gemeinsamkeiten heraus. → Sie/Er schlägt vor, etwas mit dir gemeinsam zu unternehmen.

Du sagst, dass du deine Eltern fragst.

1 Qu'est-ce qu'on dit?

Comment est-ce que tu dis cela en français? | Wie sagst du das auf Französisch? Schreibe die Sätze in dein Heft.

Wie sagst du, dass ...
1. du Rap magst?
2. Sport nicht magst?
3. du Leichtathletik hasst?
4. deine Lieblingssängerin ___ ist?
5. du ein Fan von ___ bist?

Wie fragst du jemanden, ...
6. was er an diesem Wochenende tut?
7. wann ihr zurückkehrt?
8. ob etwas klappt?
9. ob seine Eltern einverstanden sind?
10. ob du deinen Freund einladen darfst?

2 Wortschatz

Note les hobbys avec l'article défini. | Schreibe die Hobbys mit dem bestimmten Artikel auf.

1. ______________________
2. ______________________
3. ______________________
4. ______________________
5. ______________________

6. ______________________
7. ______________________
8. ______________________
9. ______________________
10. ______________________

3 Die Verben

Grammaire mixte: Complète. | Ergänze die Sätze mit den Formen der Verben *faire*, *dire*, *vouloir* und *pouvoir*.

Samedi, Clara __________ inviter Yasmine mais sa mère __________

«Non.» Dimanche, Clara et Alexandre ______________ regarder la télé.

Clara: Papa, on __________ regarder la télé ?

Père: Non, pas maintenant. Camille __________ ses devoirs dans la salle de séjour.

Clara: Vous __________ toujours «Non.» Vous ____________ toujours être tranquilles. C'est tout.

Père: Écoute Clara. Moi, je __________ les devoirs avec Camille. Tu __________ jouer une partie de cartes avec Alexandre maintenant et après* nous ______________ une balade ensemble.

Clara: Non, nous ne ______________ pas faire une balade!

Père: D'accord, nous ______________ regarder un DVD ensemble.

Clara: Là, je ne __________ pas «Non.» Merci, papa!

* **après** *hier:* danach

4 Das Verb *faire de* + bestimmter Artikel

Qu'est-ce qu'ils font? | Was machen sie? Schreibe Sätze mit *faire de* + bestimmter Artikel in dein Heft.

1

2

3

4

5 Die Verneinung

Verneine die Sätze und verwende *ne ... pas*. Schreibe in dein Heft.

1. Léo téléphone.
2. Théo invite Clara.
3. Amandine aime les week-ends en famille.
4. Karim veut jouer avec sa sœur.

6 Die Frage mit *est-ce que*

Lis les réponses et retrouve les questions. | Stelle die richtigen Fragen zu den vorgegebenen Antworten.

1. ______________________________

Non, je n'aime pas la musique classique.

2. ______________________________

Oui! J'ai un chat et une perruche.

3. ______________________________

Non, je ne joue pas avec mon frère.

7 Hören und verstehen

18

Lies dir zuerst die Aufgaben genau durch und hör dir dann den Hörtext an.

a **Um was für ein Gespräch handelt es sich?** ______________________________

b **Qui parle? Coche la bonne case. | Wer spricht? Kreuze an.**

☐ Annie ☐ l'oncle ☐ Félix ☐ Philippe ☐ la cousine ☐ Cécile ☐ Paul ☐ la tante

c **Coche la bonne case.**

	vrai	faux
1. Paul est le cousin de Cécile.	☐	☐
2. Philippe est le frère de Cécile.	☐	☐
3. Paul invite Cécile.	☐	☐
4. Samedi, Cécile ne peut pas.	☐	☐
5. Philippe veut faire du vélo.	☐	☐
6. Philippe demande à son père.	☐	☐
7. Ils rentrent à dix heures.	☐	☐

Solutions, p. 95

Unité 5 Au collège

VOLET 1

Écouter et comprendre

1 Écoute et note les numéros dans le lieu correspondant. | Hör zu und trage die Nummern der Namen in den entsprechenden Ort ein.

1 Julie

2 Jamel

3 Madame Leforestier

4 Madame Meyer

Grammaire

2 *Votre* ou *vos*? Complète. (▶ Repères, p. 108/1)

Vous aimez ___votre___ appartement?

Ce sont ___vos___ amis?

Ce sont ___vos___ copines?

___Votre___ salle de bains est super!

3 Complète. Utilise *ton, ta, tes, votre, vos.* (▶ Repères, p. 66/1, p. 108/1)

Yasmine parle avec sa prof de théâtre:

1. On regarde ___vos___ photos, Madame?
2. C'est ___votre___ famille?
3. Ce sont ___vos___ filles?
4. C'est ___votre___ grand-père?
5. Ce sont ___vos___ chats?

Madame Pérec parle avec Noah:

1. Alors Noah, tu fais ___tes___ devoirs ou tu rêves?
2. C'est une photo de ___ta___ classe?
3. Et là, c'est ___ton___ professeur de français?
4. ___Ton___ amie Jade est jolie!
5. Est-ce qu'elle a ___ton___ âge?

4 Relie.

Théo est à la / au / à l' / aux — gymnase / infirmerie / toilettes / cantine

Théo est	à la	gymnase
	au	infirmerie
	à l'	toilettes
	aux	cantine

5 **Grammaire mixte:** Mais où est Théo? Complète par *à la, au, à l', aux* ou *dans le/la/l'/les*.

Théo est ___aux___ toilettes!

Écrire

6 Fais le plan de ton école dans ton cahier et décris deux endroits. | Zeichne den Grundriss deiner Schule in dein Heft und beschreibe zwei Orte (▶ Textes, p. 94–95). Hebe deine Zeichnung auf, du kannst sie für die Aufgabe **B** (▶ S. 107) verwenden.

Mon endroit préféré, c'est la salle de géo. Il y a des posters partout! J'aime bien la cour aussi.

Elle est jolie!

VOLET 2

Lire et comprendre

1 Lis l'article et note la bonne lettre. | Lies den Artikel und schreibe den passenden Buchstaben in die Kästchen.

Les endroits importants au collège

Tu rentres bientôt au collège? Voilà les endroits stratégiques!

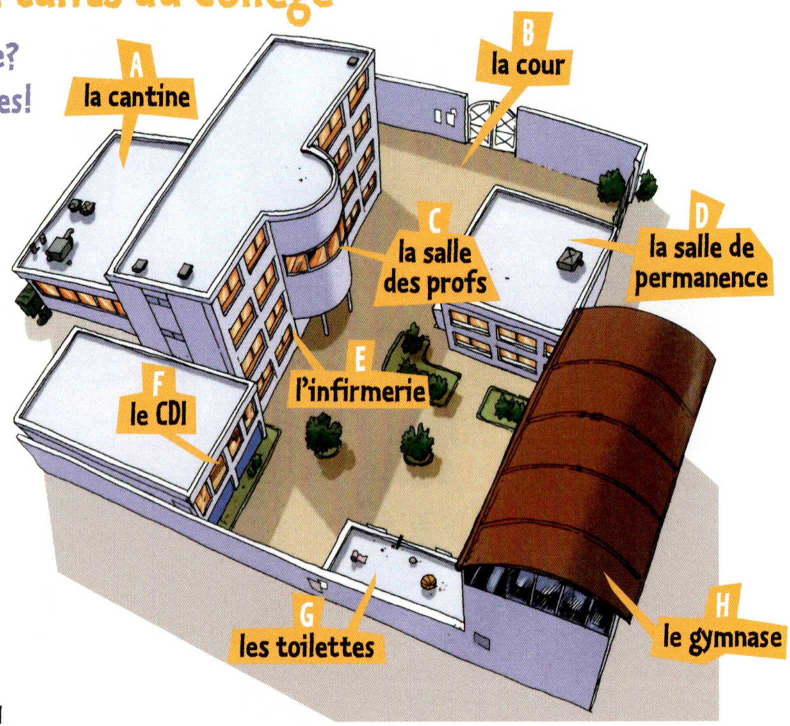

[F] Là, tu peux emprunter des livres, des magazines, des bédés et des DVD. Tu peux aussi surfer sur Internet.

[A] Tu habites loin du collège? Tes parents rentrent tard à la maison? Tu peux retrouver tes copains entre midi et deux et bien rigoler autour d'un plat de spaghettis ou une pizza.

[G] Attention! Il y a une porte pour les filles et une porte pour les garçons! Aller là pendant la récré, c'est une bonne idée parce que pendant les cours, les profs sont contre …

[C] Zone interdite ⛔ Les profs vont là avant ou après un cours. C'est leur cour de récréation!

[H] Ici, c'est le sport d'abord! Le sport, c'est super, surtout après deux heures de maths ou une interrogation!

[B] Un endroit sympa à la récré parce que tu retrouves tes copains.

[E] Ça ne va pas? Quelqu'un est là pour toi, mais il y a aussi un lit et des médicaments.

[D] Ton prof n'est pas là? Tu n'as pas cours? Là, tu peux faire tes devoirs.

Écouter et comprendre

20 **2** Il est quelle heure? Écoute et complète. | Hör zu und vervollständige die Uhrzeitangaben.

Vocabulaire

3 a **Fais les mots croisés. | Löse das Kreuzworträtsel.**

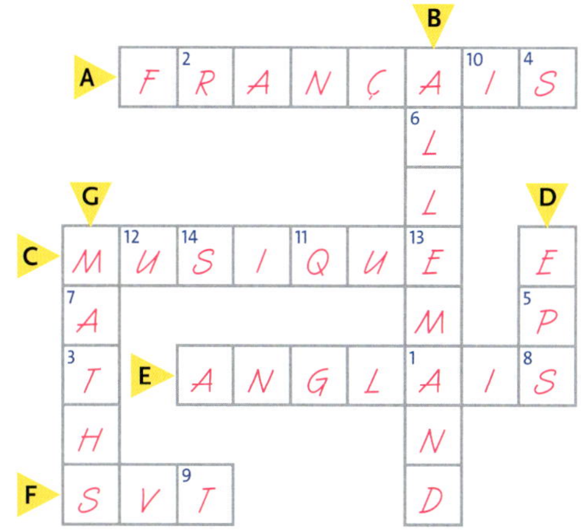

Horizontal:

1. Clara aime parler, elle aime la lecture, elle aime le théâtre: sa matière préférée, c'est le **A**.
2. Amandine fait de la flûte, de la guitare et elle chante: sa matière préférée, c'est la **C**.
3. La grand-mère de Greg habite à New-York. Il passe toujours ses vacances chez elle, alors il est très bon en **E**.
4. Hugo aime la nature, les animaux, les pierres: sa matière préférée, ce sont les **F**.

Vertical:

5. Jeanne adore Tokio Hotel. Son rêve c'est: parler avec Bill Kaulitz. Alors elle travaille beaucoup en cours d' **B**.
6. 59 – (–43) + (–15) Pour Alexandre, ce n'est pas un problème. Les **G** sont sa matière préférée!
7. Simon aime le foot, l'athlétisme et le ski, sa matière préférée, c'est l' **D**.

b **Trouve le mot-clé et traduis-le. | Finde das Lösungswort und übersetze es.**

Théo adore le dessin, sa matière préférée, ce sont les *arts plastiques*.

1	2	3	4
A	R	T	S

5	6	7	8	9	10	11	12	13	14
P	L	A	S	T	I	Q	U	E	S

Théos Lieblingsfach ist *Kunst*.

Regarder et comprendre

4

Va sur le site scook.de/bayern et tape le code, page 1.
Regarde le film et fais l'exercice p. 89.

Grammaire

5 **Grammaire mixte: Complète par les pronoms personnels et mets les adjectifs à la forme correcte.**

1. Je n'aime pas les chansons des chanteurs de 14 ans. *Elles* sont souvent *nulles* (nul).
2. Le cours de SVT est toujours *intéressant* (intéressant).
3. Aurore travaille vite et bien. *Elle* est *intelligente* (intelligent).
4. Les spaghettis de la cantine sont souvent *bons* (bon), tu n'es pas d'accord?
5. Je voudrais un chien et mes parents sont d'accord. *Ils* sont *adorables* (adorable), non?
6. Regarde les mangas de ma sœur! *Elle* est très *bonne* (bon) en dessin!

6 Complète par les formes du verbe *aller*. | Ergänze mit den Verbformen von *aller*.

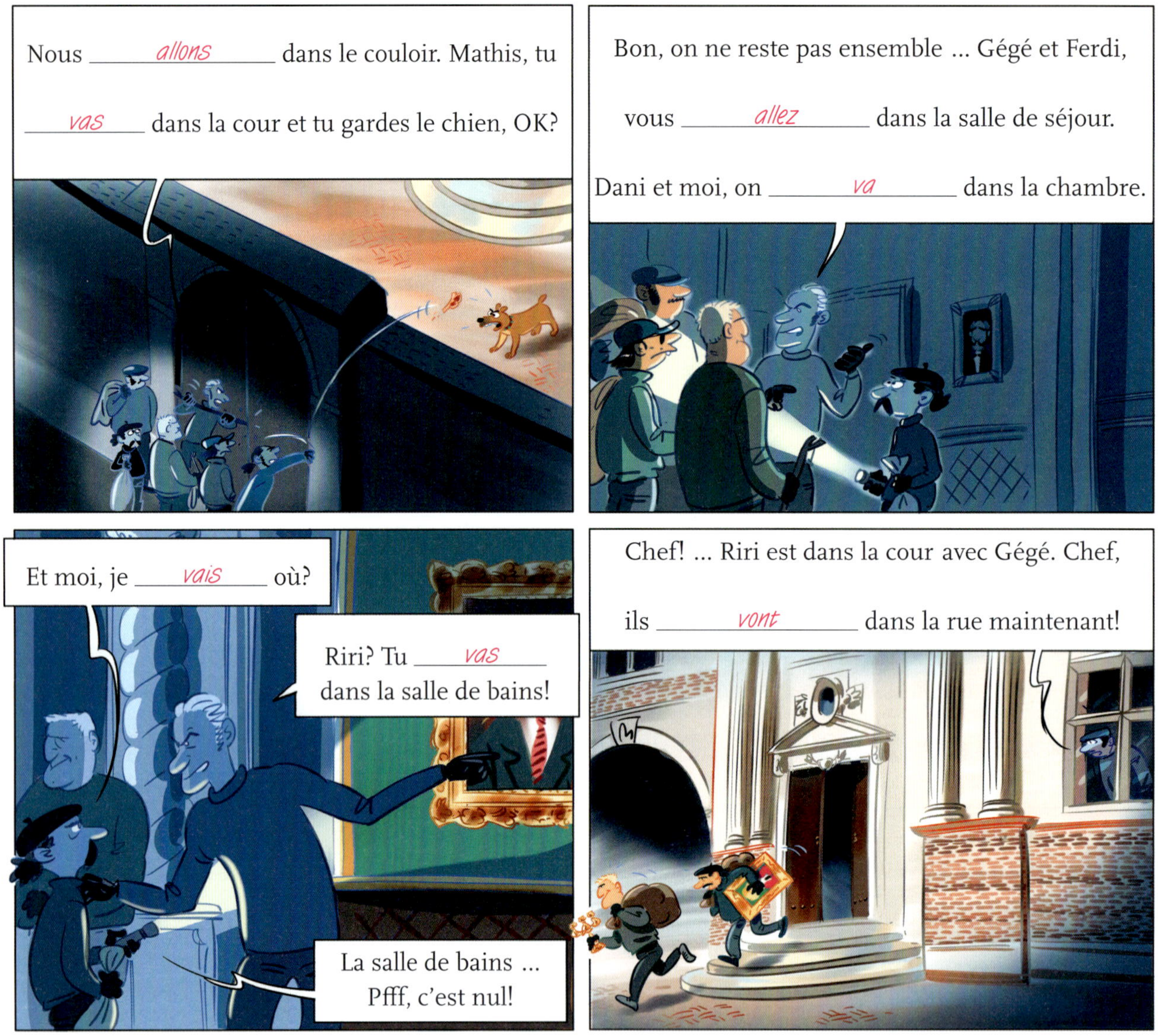

Apprendre à apprendre

7 La journée de Louis. | Dieser Text, den Louis über seinen Schultag geschrieben hat, enthält 8 Fehler. Korrigiere die Fehler. (▶ Méthodes, p. 183/20)

Le jeudi au collège, c'est ma journée préférée! D'abord, j'ai cours à dix heures. C'est	
super, non? À 11 heures, j'ai français. C'est bête, parce que je suis nulle, mais nos	*nul*
prof, Madame Fleury, est très sympa et sa matière est intéressant.	*notre intéressante*
À midi, au cantine, il a souvent des spaghettis et j'aime beaucoup ca. Après,	*à la il y a ça*
à quatorze heures, on a EPS: je suis très bon en sport! Et puis de 16 heures à	
17 heures, on va à le CDI et on pouvons utiliser les ordinateurs et faire des	*au peut*
recherches sur Internet.	

VOLET 3

Lire et comprendre

1 L'école et toi. Réponds aux questions et lis tes résultats. | Beantworte die Fragen und lies deine Ergebnisse.

Test

1 Pour toi, le collège c'est
- ◎ les copains.
- ✱ le travail.
- ✧ les deux.

2 Ton endroit préféré au collège, c'est
- ✱ ta salle de classe.
- ◎ la cour de récréation.
- ✧ le CDI.

3 Comment est-ce que tu travailles?
- ✱ Après l'école, tu fais d'abord tes devoirs et après tu joues une heure.
- ◎ Tu empruntes le cahier d'un copain / d'une copine à la récréation, et tu notes vite les réponses.
- ✧ Après l'école, tu rentres à la maison et tu joues ou tu fais du sport. Après tu fais les devoirs.

4 Ta matière préférée, c'est
- ◎ l'EPS parce qu'il n'y a pas de devoirs.
- ✱ les maths parce que c'est pratique.
- ✧ l'histoire parce que c'est intéressant.

5 La/Le prof parle:
- ✱ tu notes, parce qu'il va y avoir une interrogation.
- ✧ tu écoutes, tu poses des questions, ensuite, tu notes.
- ◎ tu rêves ou tu parles avec ton copain / ta copine.

Tu as entre 3 et 5 ◎: L'école, tu n'es pas contre mais travailler n'est pas ton truc. Le collège pour toi, c'est une cour de récréation, on rigole bien. C'est déjà ça, mais c'est tout?

Tu as entre 3 et 5 ✱: Tu prépares tes cours, tu travailles beaucoup, le collège, c'est ton emploi du temps. D'accord, mais qu'est-ce que tu aimes faire pour toi?

Tu as entre 3 et 5 ✧: Tu aimes aller au collège, parce que tu aimes les rencontres avec les copains, mais aussi avec les idées. Super!

Vocabulaire

2 a Relie. | Ordne zu.

visiter **1**	**a** une balade en bateau
manger **2**	**b** sur le programme
passer **3**	**c** des idées
faire **4**	**d** une journée avec les corres
noter **5**	**e** le Musée du chocolat
être d'accord **6**	**f** à la cantine

b Résume le texte pour les correspondants. (▶ Texte, p. 102). Utilise les expressions de a.

La sixième A va *passer une journée avec les corres de Lahr*.

Lara *note des idées*. Ils ne peuvent pas *visiter le Musée du chocolat* parce que *le musée est fermé le lundi*. Mais ils peuvent *faire une balade en bateau*. À midi, *ils mangent à la cantine*.

Grammaire

3 Complète. Utilise *son*, *sa* ou *ses* (1.–4.) / *leur* ou *leurs* (5.–8.). (▶ Repères, p. 66/1, p. 108/1)

1. Flore fait *ses* devoirs en permanence.
2. Madame Fabre va à *son* cours de guitare.
3. Karim n'est pas dans *sa* chambre.
4. Thomas retrouve *ses* copains dans la cour.
5. Clément et Linda font *leurs* devoirs au CDI.
6. Yasmine et Zohra écoutent *leur* CD préféré.
7. Elles dansent dans *leur* chambre.
8. Les élèves cherchent *leurs* surveillants.

4 Qu'est-ce qu'ils vont faire? Forme les phrases au futur proche. (▶ Repères, p. 110/5)

Qu'est-ce que vous allez faire mercredi après-midi?

regarder un DVD

Nous *allons regarder un DVD.*

faire du foot

On *va faire du foot.*

Qu'est-ce que tu vas faire ce week-end?

faire une balade dans les Vosges avec mes grands-parents

Je *vais faire une balade dans les Vosges avec mes grands-parents.*

garder mon chat!

Ils *vont garder mon chat.*

Et tes frères et sœurs?

Regarder et comprendre

5

Va sur le site scook.de/bayern et tape le code, page 1.
Regarde le film et fais l'exercice p. 89.

Écrire

6 a Écris le chat en français dans ton cahier. | Schreibe den Chat auf Französisch in dein Heft.

Du bist in Frankreich und verabredest dich mit einem/einer Freund/in für den nächsten Nachmittag. Ihr chattet.

1. Du begrüßt ihn/sie und fragst, ob er/sie morgen Nachmittag Unterricht hat.
   → Er/Sie antwortet, er/sie hat Deutsch von 13:30 bis 14:30 und Biologie bis 15:30.
2. Du schlägst vor, dass ihr anschließend einen Spaziergang im Park machen könntet.
   → Er/Sie antwortet: Ja, das ist eine tolle Idee! Er/Sie liebt es, draußen in der Natur zu sein!
3. Du freust dich und sagst, dass du gegen 16 Uhr bei ihm/ihr vorbeikommst und fragst, ob er/sie einverstanden ist.
   → Er/Sie ist einverstanden und ihr verabschiedet euch.

b En classe, joue la situation de a avec ton/ta partenaire. | Spiele die Situation aus a mit deinem/deiner Partner/in als Telefongespräch im Unterricht vor.

Parler

7 Prépare le dialogue, p. 82 et joue-le en classe. (▶ Méthodes, p. 179)

1 Qu'est-ce qu'on dit?

Trouve les questions. Relie. | Ordne den Fragen die passende Antwort zu.

Est-ce que le musée est ouvert le lundi? **1**	**a** Mais non, je suis pour!
Tu veux déjeuner chez nous? **2**	**b** À dix heures.
À quelle heure est la récré? **3**	**c** On peut aller déjeuner à midi.
Tu es contre? **4**	**d** Non, il est fermé.
Tu aimes les SVT? **5**	**e** À la cantine.
Où est-ce qu'on mange? **6**	**f** Oh oui, merci, bonne idée!
Quand est-ce qu'on mange? **7**	**g** Ça dépend. La prof est sympa mais ses interros sont nulles!

2 Die Possessivbegleiter

Grammaire mixte: Pendant la journée portes ouvertes, Camille pose des questions à Clara. Complète par *notre*/*nos*, *votre*/*vos*, *leur*/*leurs* **et écris les heures.**

1. – Où est-ce que vous allez pendant ___*vos*___ récréations?
   – Pendant ___________ récréations, nous pouvons aller dans la cour ou au CDI.
2. – À quelle heure est-ce que vous rentrez après ___________ cours?
   – ___________ cours sont jusqu'à 4:00 ___________________ mais souvent aussi jusqu'à 5:00 ___________________!
3. – Est-ce que vous aimez ___________ cantine?
   – Oui, ___________ cantine est sympa parce qu'il y a des posters et dessins d'élèves sur les murs!
4. – Quand est-ce que ___________ CDI est ouvert?
   – ___________ CDI est ouvert de 8:00 ___________________ à 5:00 ___________________ et le mercredi entre 8:00 ___________________ et 12:00 ___________.

Les notes de Camille:

1. Pendant ___*leurs*___ récréations, les 6èmes A vont au CDI ou dans la cour.
2. ___________ cours sont souvent jusqu'à 17 h 00.
3. ___________ cantine est un endroit sympa.
4. ___________ CDI est ouvert pendant la journée jusqu'à 17 h 00, le mercredi de 8 h 00 à 12 h 00.

3 Der zusammengezogene Artikel mit der Präposition *à*

Complète par *à la, au, à l', aux*.

Clara est ________ TJP. Camille est ________ école. Monsieur Fabre est ________ Vitamine C et Madame Fabre est ________ musée. Alexandre ne va pas bien, il est ________ maison et va toujours ________ toilettes. Alors qui va jouer avec moi?

4 Das *futur proche*

Complète. | Ergänze mit der richtigen Verbform im *futur proche*.

Salut Yasmine! C'est bientôt les vacances!! Est-ce que tu ________________ (retrouver) tes cousins de Marseille? Moi, je ________________ (passer) mes vacances d'hiver avec mon père dans les montagnes! Nous ________________ (faire) du ski et des balades.

Mon père ________________ (inviter) ma tante et son fils, Max. ☺ Clara et toi, vous ________________ (jouer) au TJP dimanche après-midi? Super! Théo et Lukas ne ____________ pas ________________ (pouvoir) être là … C'est bête. Mais moi si! ☺

Bises Jade

5 Die Fragen

Trouve les questions. Utilise *à quelle heure est-ce que*, *quand est-ce que*, *où est-ce que*, *pourquoi est-ce que*.

1. – ____

– Ils rentrent dimanche soir.

2. – ____

– J'ai maths à 10 heures.

3. – ____

– Parce que le mardi, les musées sont fermés.

4. – ____

– J'aime bien faire mes devoirs au CDI.

Solutions, p. 96

Unité **6** # À Strasbourg

VOLET 1

Lire et comprendre

1 Trouve les cinq erreurs et corrige-les. | Vergleiche den Text mit der Zeichnung. Unterstreiche die fünf Fehler im Text und korrigiere sie. (▶ Liste des mots, p. 223)

Dans le parc, il y a des enfants. Ils jouent avec leurs chiens.	
À côté du parc, à droite, il y a un cinéma.	*à gauche*
À gauche, il y a un pont, et près du pont, des maisons du	*À droite*
Moyen-Âge.	
Sur la place, on peut faire du skate. Loin de la place, il y a un	*Près de*
bar à jus de fruits. Derrière le bar à jus de fruits, il y a un car.	*Devant*
À droite, il y a le théâtre et à côté du théâtre, il y a le musée.	
Devant le musée, il y a des vélos.	*Derrière*

Écouter et comprendre

23

2 Les touristes visitent Strasbourg. Quel texte correspond à quelle photo? Note le bon numéro. | Ordne zu. (▶ Méthodes, p. 162)

1

5

6

Vocabulaire

3 Complète les mots croisés et trouve le mot-clé. | Setze die fehlenden Wörter in das Kreuzworträsel ein. Wie lautet das Lösungswort? (▶ Textes, p. 116–117)

Lundi, c'est le **5** de la visite. À 10 heures 30, les élèves **9** dans le bateau près du Palais Rohan. La visite peut **4**. Sur l'Ill, ils **8** sous des **7**. Voilà maintenant le théâtre, sur la **3** de la **6**. Devant le Parlement européen et le Conseil de l'Europe. Il y a les **1** d'Arte, la télévision franco-allemande. À 11 h 45, les élèves **2** au collège.

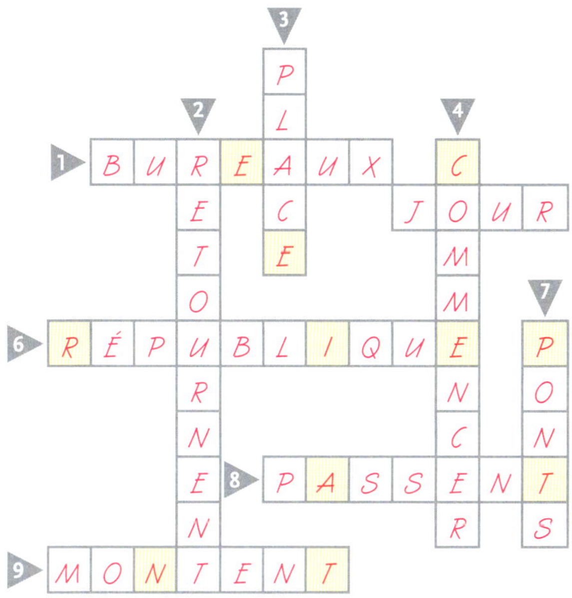

C'est un quartier de Strasbourg:

La PETITE FRANCE

4 Qu'est-ce qui va ensemble? Relie. | Welche Ergänzung passt zu welchem Verb? Es gibt manchmal mehrere Möglichkeiten. Ordne zu.

faire **1**	**a** dans le bateau
monter **2**	**b** la visite du collège à 9 heures
passer **3**	**c** au collège
commencer **4**	**d** à la cantine
visiter **5**	**e** au musée du chocolat
aller **6**	**f** par le Quartier allemand
manger **7**	**g** le collège
retourner **8**	**h** un rallye

Écrire

5 Qu'est-ce qu'ils font ensemble? Raconte dans ton cahier. Utilise les expressions de **4** et le texte p. 116/117. | Was unternehmen die Straßburger Schüler mit den Besuchern aus Lahr am 21. April? Erzähle, was sie machen und verwende dabei die Verben und Ergänzungen der Übung **4**. Du kannst auch den Text in deinem Buch auf S. 116/117 noch einmal durchlesen. Schreibe in dein Heft.

Après l'arrivée des corres allemands, les élèves font la visite du collège. À 10 heures 30, ils

VOLET 2

Qu'est-ce qu'on dit?

1 **Comment est-ce que tu dis cela en français? | Wie sagst du auf Französisch? Schreibe auf.**
(▶ Repères, p. 128)

Du bist in einer französischen Schule:

1. Wie sagst du, dass du Hunger hast?

J'ai faim!

2. Wie fragst du, was es heute in der Kantine gibt?

Qu'est-ce qu'il y a à la cantine aujourd'hui?

3. Du verstehst das Wort *„fromage"* nicht. Wie fragst du, was das heißt?

Qu'est-ce que ça veut dire, «fromage»?

4. Wie sagst du, dass du Durst hast?

J'ai soif!

5. Wie bittest du jemanden, dir das Wasser zu geben?

Tu me passes l'eau, s'il te plaît?

6. Wie wünschst du jemandem „Guten Appetit"?

Bon appétit!

7. Wie fragst du jemanden, ob es schmeckt?

C'est bon?

Écouter et prononcer

2 **Trouve les intrus. | Nur sechs der folgenden Wörter werden mit dem gleichen Laut [ɥ] ausgesprochen. Streiche die Wörter, die nicht passen, durch.**

je suis   le fruit   ~~oui~~   ~~la guitare~~   huit   ~~le jus~~   aujourd'hui   la cuisine   depuis

Grammaire

3 **Qu'est-ce qu'ils prennent? Décris les images. Complète les phrases avec les formes de *prendre* et un complément. | Vervollständige die Sätze mit den Formen von *prendre* und einer passenden Ergänzung.**
(▶ Les verbes, p. 191)

À la Vitamine C, Selma et Louise *prennent*

1. *un jus de fruits* .

Alex *prend une bédé de Titeuf*

2. ______________ .

3. – Qu'est-ce que vous *prenez* ?

– Nous *prenons les spaghettis* .

4. – Qu'est-ce que tu *prends* ?

– Je *prends les DVD* .

4 **Grammaire mixte:** Retrouve l'ordre des mots, conjugue les verbes et écris les phrases. | Bringe die Satzteile in die richtige Reihenfolge und konjugiere die Verben. (▶ Repères, p. 128/1)

1. rien / Je / *faire* / ne

Je ne fais rien.

2. à la cantine / jamais / *manger* / ne / Tu / ?

Tu ne manges jamais à la cantine?

3. faim / n' / plus / *avoir* / Ils

Ils n'ont plus faim.

4. rien / *pouvoir* / ne / Elle / manger

Elle ne peut rien manger

5. rien / Je / *comprendre* / ne

Je ne comprends rien.

6. Ils / au musée / jamais / aller / ne / *vouloir*

Ils ne veulent jamais aller au musée.

7. *vouloir* / ne / plus / retourner / à Lahr / Les élèves

Les élèves ne veulent plus retourner à Lahr.

b Écris encore trois puzzles comme en **a** pour ta/ton partenaire. | Denk dir noch drei Puzzle-Sätze wie in **a** für deine/n Partner/in aus.

Écouter et comprendre / Médiation

25

5 **a** Hör dir den Text an und erzähle einem Freund / einer Freundin, der/die kein Französisch kann, wo die Jugendlichen sind und worüber sie sprechen. Schreibe die Informationen in dein Heft. (▶ Méthodes, p. 178)

b Hör dir den Text noch einmal an. Stelle dir vor, dass du mit den Jugendlichen zusammen bist, und reagiere nun auf die Frage der Frau.

Moi, je prends les spaghettis et la mousse au chocolat comme dessert.

Médiation

6 **a** Yanis, dein französischer Austauschpartner, ist bei dir zu Besuch und ihr geht in die Schulkantine Mittag essen. Yanis kann noch nicht so gut Deutsch und versteht nicht alles. Du erklärst ihm das Wichtigste auf Französisch. (▶ Méthodes, p. 184)

Freitag, 8. Juni 2012

	Menü 1	Menü 2
VORSPEISE	Tomatensalat	Tomatensuppe
HAUPTSPEISE	Spaghetti mit Tomatensauce	Fisch in Senfsauce mit Kartoffelpüree
NACHTISCH	Joghurt	Obstsalat

Du: Was willst du essen?

Yanis: Euh, je ne comprends pas bien le menu. Qu'est-ce que cela veut dire «Vorspeise», «Hauptspeise« et «Nachtisch» ...

Du: *Ça veut dire «entrée», «plat» et «dessert».*

Yanis: Alors, comme plat, il y a des spaghettis à la sauce tomate. Non, je n'aime pas trop les spaghettis. Et dans le menu 2, il y a ... euh «Kartoffelpüree», je comprends, c'est la purée de pommes de terre, mais qu'est-ce que ça veut dire «Fisch in Senfsauce»?

Du: *Ça veut dire «poisson à la moutarde».*

Yanis: Et comme dessert, il y a une salade? Vous mangez la salade comme dessert?

Du: *C'est une salade de fruits!*

Yanis: Ah, d'accord, alors, je prends le menu 2.

À table:

Yanis: Zut, le pain n'est pas sur la table. Il n'y a pas de pain?

Du: *En Allemagne, on ne mange pas de pain avec les plats.*

b Spielt die Szene zu zweit in der Klasse.

Regarder et comprendre

7

Va sur le site scook.de/bayern et tape le code, page 1.
Regarde le film et fais l'exercice p. 90.

VOLET 3

Vocabulaire

1 Qu'est-ce qu'il y a dans le quartier Kléber? Décris. Utilise: *Il y a un/une/des.* | Was gibt es in diesem Viertel?

Dans le quartier Kléber, il y a des magasins, des cafés, un bar à jus de fruits, une boulangerie, un cinéma,

un théâtre, une piscine, un supermarché, un centre commercial, un stade, une école et un musée.

Grammaire

2 a **Grammaire mixte:** Qu'est-ce qu'ils ont, qu'est-ce qu'ils n'ont pas? | Was haben sie, was haben sie nicht? Bilde die Sätze. Utilise *un, une, des* et *ne ... pas de/d'*.

1. Max – un chien – ~~chat~~ — *Max a un chien. Il n'a pas de chat.*
2. Chloé – des bédés – ~~livres~~ — *Chloé a des bédés. Elle n'a pas de livres.*
3. Paul et Tim – des sœurs – ~~frères~~ — *Paul et Tim ont des sœurs. Ils n'ont pas de frères.*
4. Eva et Yanis – une guitare – ~~flûte~~ — *Eva et Yanis ont une guitare. Ils n'ont pas de flûte.*
5. Tu – des pierres – ~~figurines~~ — *Tu as des pierres. Tu n'as pas de figurines.*
6. Nous – des cahiers – ~~livres~~ — *Nous avons des cahiers. Nous n'avons pas de livres.*
7. Vous – une armoire – ~~étagères~~ — *Vous avez une armoire. Vous n'avez pas d'étagères.*

b Et toi? Qu'est-ce que tu as? Qu'est-ce que tu n'as pas? Écris encore trois phrases comme en **a** dans ton cahier.

3 **Décris les illustrations.** | **Beschreibe die Bilder. Es gibt mehrere Möglichkeiten.**

Utilise: *beaucoup de* ... et *ne* ... *pas de*, *trop de* ... et *ne* ... *pas assez de*, *assez de* ... et *ne* ... *plus de*.

1 

livres / ~~étagères~~

2 

pain / ~~eau~~

3 

frères / ~~sœurs~~

4 

spaghettis / ~~sauce tomate~~

5 

cafés / ~~boulangeries~~

6 

sport / ~~copains~~

1. *Elle a trop de livres mais elle n'a pas assez d'étagères.*
2. *Il a beaucoup de pain mais il n'a plus d'eau.*
3. *Elle a beaucoup de frères mais elle n'a pas de sœurs.*
4. *À la cantine, ils ont trop de spaghettis mais ils n'ont plus de sauce tomate.*
5. *Il y a assez de cafés mais il n'y a pas assez de boulangeries.*
6. *Il fait beaucoup de sport mais il n'a plus de copains.*

4 *De/d'* **ou** *des*? **Complète.**

Notre ville n'est pas grande, on peut faire beaucoup *de* choses à pied. Au centre, il y a *des* magasins, *des* boulangeries. Mais il n'y a plus *de* supermarché. Il y a un centre commercial loin du centre. Au centre, il y a aussi *des* cinémas. Combien *de* cinémas? Trois cinémas. Il n'y a pas assez *d'* activités pour les jeunes. On n'a pas *de* piscine, par exemple. Et il n'y a pas *de* stade.

combien
beaucoup
peu
ne ... pas
ne ... plus
ne ... pas assez
} + de/d'

Parler

5 **Prépare le dialogue p. 83 et joue-le en classe avec ton/ta partenaire.**

Écrire

6 **Dans un mail, ton correspondant te pose beaucoup de questions. Réponds. | Dein Austauschpartner stellt dir in einer Mail viele Fragen über deinen Wohnort. Beantworte die Fragen in einer Antwortmail.**

Salut,

J'ai beaucoup de questions. Est-ce que tu habites loin du centre? Est-ce qu'il y a des cafés et des cinémas dans ton quartier? Est-ce qu'il y a une piscine ou un stade près de chez toi? Est-ce qu'il y a beaucoup de touristes chez vous? Qu'est-ce qu'on peut faire chez vous? Réponds vite, s'il te plaît.

Maxime

Salut,

Alors voilà: j'habite loin du centre. Dans mon quartier, il y a un café et il n'y a pas de cinéma. Il y a une piscine près de chez moi. Notre stade est loin de chez moi. Dans mon quartier, il n'y a pas beaucoup de touristes. Il y a beaucoup de touristes dans le centre-ville. Chez nous, on peut faire des balades dans la nature.

À plus! Maria

Médiation

7 **Vom *Office de Tourisme* in Straßburg habt ihr eine Information über die Astronomische Uhr im Straßburger Münster bekommen. Ihr überlegt, ob ihr sie bei eurer Klassenfahrt besichtigen sollt. Es ist deine Aufgabe, dir den Prospekt anzusehen und deiner Klasse darüber zu berichten. Was willst du deiner Klasse berichten? Lies dir den Prospekt durch, mach dir Notizen auf Deutsch.**

1. Was kostet der Eintritt für deine Klasse am Samstag? Und am Sonntag?
2. Wann sollte man die Uhr besichtigen?
3. Was kann man da sehen?

Horloge astronomique de la cathédrale de Strasbourg

Une montre géante de la Renaissance dans la cathédrale de Strasbourg

L'horloge d'aujourd'hui est le travail de J.-B. Schwilgué (1842).
Elle indique l'heure, le jour, la semaine, le mois, la saison et plus encore!
Des automates s'activent tous les jours à 12 h 30 et racontent l'histoire de la vie en quatre âges: un enfant, un adolescent, un adulte, un vieillard passent devant la mort et les 12 Apôtres devant Jésus.

Heures d'ouverture et tarifs des visites
Tous les jours de 7 h 00 à 19 h 00.
- **11 h 45:** entrée dans la Cathédrale par la porte St Michel (côté Sud, Place du Château)
- **12 h 00:** film sur l'histoire de l'horloge
- **12 h 30:** jeu des automates

- **Tickets:** de 9 h 00 à 11 h 30 (à côté de la Porte de l'Horloge)
  2 € par personne
  1,50 € pour les groupes (minimum 12 personnes), les étudiants et les enfants de 6 à 18 ans
  gratuit pour les enfants (moins de 6 ans) + les dimanches et jours fériés

1 Qu'est-ce qu'on dit?

Qu'est-ce qui va ensemble? | Ordne die Antworten den Fragen zu. Eine Frage ist zu viel.

Qu'est-ce qu'il y a à la cantine, aujourd'hui? **1**
Qu'est-ce que ça veut dire, «Kaninchen»? **2**
Et qu'est-ce qu'il y a comme dessert? **3**
Qu'est-ce que tu prends? **4**
Comment est-ce qu'on dit «moutarde» en allemand? **5**
Tu ne manges plus? **6**
Tu veux mon dessert? **7**

a Oui! Merci!
b Il y a des spaghettis.
c «Lapin».
d «Senf».
e Non, je n'ai plus faim.
f Il y a des fruits.

Auf welche Frage gibt es keine Antwort? ____________________

Denke dir eine Antwort auf die Frage aus: ____________________

2 Wortschatz

Complète. | Ergänze die fehlenden Nomen.

Au centre, près de ____________________ , il y a ____________________ ,

____________________ 

et ____________________ .

Mais moi, j'habite loin du centre. À côté de chez moi, il y a ____________________ 

et ____________________ . Mais il n'y a pas de ____________________ .

Et il n'y a pas de ____________________  non plus. Et ça, c'est super.

3 Die Verben

a **Grammaire mixte: Complète par les formes de** *prendre*, *comprendre* **et** *vouloir* **et l'article défini.**

À midi, Jan ________ manger à ______ cantine avec ______ correspondants de Strasbourg.

Comme plat, il y a «spaghettis» ou «lapin à la moutarde». Jan ne ____________________ pas

______ mot «moutarde». Alors, il ________________ ______ spaghettis. Comme dessert,

il ________________ ______ gâteau au chocolat. Après ______ déjeuner, il ________________ faire

une rallye avec ______ corres.

b **Réécris le texte. Commence par** *Jan et Nora ...* **|**
Schreibe den Text um. Beginne mit: *À midi, Jan et Nora ...*

À midi, Jan et Nora ....

c **Complète par les formes de** *prendre*.

1. Qu'est-ce que vous ________________?

2. Je ________________ un jus de fruits.

3. Et nous, nous ________________ deux croissants et deux jus de fruits.

4 Die Verneinung mit *ne ... plus*

Réponds aux questions et utilise *ne ... plus*. | **Beantworte die Fragen und verwende** *ne ... plus*.

1. Est-ce que les élèves sont encore sur le bateau à midi?

____

2. Est-ce que Clara veut encore manger?

____

3. Est-ce que les élèves retournent sur la place Kléber?

____

5 Die Mengenangaben

Dans un mail, Marcus décrit sa ville. Complète le texte. | **Marcus beschreibt seine Stadt. Ergänze den Text mit den Angaben in Klammern.**

Au centre-ville, il y a ________________ *(viele)* cafés et ________________ *(viele)* bars. Il ______ y a ________ *(kein ... mehr)* supermarché. Le week-end, au centre, il y a ____________ *(zu viele)* touristes. Dans mon quartier, il ______ y a ________________ *(nicht genug)* activités pour les jeunes. Près de chez moi, il y a une piscine. Mais il _____ y a __________ stade *(kein)*.

6 Sprachmittlung

a **Wie heißen die folgenden Gerichte auf Französisch?**

Karottensalat = ________________

Obstsalat = ________________

Grüner Salat = ________________

Fisch in Currysauce = ________________

b **Lies dir das Menü durch und erkläre einem Freund, der kein Französisch versteht, was es als Vorspeise, Hauptgericht und Nachspeise zur Auswahl gibt. Schreibe in dein Heft.**

Menu Vendredi

Salade de carottes
ou
Pâté mexicain
*
Lasagnes
ou
Poisson au curry
Salade verte
*
Salade de fruits
ou
Crème chocolat

Solutions, p. 97

Unité 7 On fait la fête!

VOLET 1

Vocabulaire

1 Retrouve les mois de l'année. Écris-les dans le bon ordre. | Finde die Monate wieder. Schreibe sie in der richtigen Reihenfolge auf.

1. *janvier*	4. *avril*	7. *juillet*	10. *octobre*
2. *février*	5. *mai*	8. *août*	11. *novembre*
3. *mars*	6. *juin*	9. *septembre*	12. *décembre*

Écouter et comprendre

27

2 Écoute et relie les noms à la bonne date d'anniversaire. | Hör dir den Text an und verbinde die Namen mit dem richtigen Geburtsdatum.

Sandrine	1	a	le 1er janvier
Louis	2	b	le 7 juin
Daniel	3	c	le 13 mai
Lila	4	d	le 15 septembre
Arielle	5	e	le 29 février
Xénia	6	f	le 31 août
Madame Richard	7	g	le 9 mars

3 Lukas hat einen Zahlencode erstellt, um sicherzugehen, dass Théo seine zwei Geschenke nicht errät.

a	â	b	c	d	e	f	g	h	i	j	k	l	m	n	o	p	q	r	s	t	u
67	68	69	70	75	76	77	78	79	80	85	86	87	88	89	90	95	96	97	98	99	100

28

a Hör dir die Zahlen an und notiere die entsprechenden Buchstaben. Schreibe dann den unbestimmten Artikel vor die Nomen.

Les cadeaux de Théo:

une figurine et *un gâteau*

b À toi! | Denke dir ein Geschenk für deine/n Partner/in aus und diktiere ihm/ihr einen Zahlencode wie in a. Schreibe die Lösung hier auf.

79 - 67 - 88 - 98 - 99 - 76 - 97 *un hamster*

VOLET 2

Vocabulaire

1 Complète. | Ergänze die fehlenden Nomen. (▶ Texte, p. 137)

courses gâteau chanson
cadeau figurine recette fête librairie

1. Clara et ses amis veulent faire un ___cadeau___ à Théo. 2. Noah va composer une ___chanson___. 3. Clara et Lukas vont acheter une ___figurine___ dans une ___librairie___ et Noah va préparer un ___gâteau___. 4. Il trouve la ___recette___ sur Internet. 5. Jade va faire les ___courses___.
6. Après, les amis vont retrouver Théo pour sa ___fête___.

Lire et comprendre / Écrire

2 Lis et complète. Puis complète aussi la carte postale.

C'est ici les cadeaux!

Voilà nos idées pratiques pour des cadeaux pas chers …
Complète le nom des 4 cadeaux! Écris une carte avec ton nom, prénom, adresse, ta date d'anniversaire et les 4 cadeaux. Tu vas peut-être avoir une surprise pour ton anniversaire!

Boule à ___thé___
Charmant: Tea time avec mamie ou oncle Charles!

3,90 €

___stylos___
pour tes notes secrètes
Sympa, non?

5 €

Photos à l'___eau___
Un classique: tu fais clic …

2,50 €

Porte-___clés___
Comme un grand, tu rentres chez toi.

1,50 €

? | eau | ? | thé

Voici les quatre cadeaux:

1) boule à thé
2) photos à l'eau
3) stylos (pour tes notes secrètes)
4) porte-clés

Mon anniversaire, c'est le (26 octobre)
Moi, c'est (Roxana Butt)
J'habite (Emanuelstr. 25
80796 München)

Rédaction MIKADO
Action : Cadeaux d'anniv'
75014 Paris Cedex

Grammaire

3 a Souligne le verbe et note l'infinitif. | Unterstreiche das Verb und schreibe den Infinitiv auf. (▶ Verbes, p. 190)

1. Ils achètent un gâteau pour Théo. acheter
2. J'appelle Lukas, d'accord? appeler
3. Est-ce que Clara préfère aller au théâtre ou au cinéma? préférer
4. Répète, s'il te plaît. répéter
5. Où est-ce que vous achetez votre pain? acheter
6. Nous répétons la chanson. répéter

b Choisis deux verbes de a et conjugue-les dans ton cahier. | Suche dir zwei Verben aus a aus und konjugiere sie in deinem Heft.

4 a Complète les définitions. Utilise *le*, *la*, *l'*, *les*. | Ergänze die Definitionen. Verwende *le*, *la*, *l'*, *les*. (▶ Repères, p. 147/3)

1. La fête: On peut __la__ faire pour son anniversaire et __la__ préparer avec des amis.
2. Le gâteau: On __l'__ achète à la boulangerie ou on __le__ fait à la maison!
3. Les chansons: On __les__ écoute et on __les__ chante.

b À toi! Écris dans ton cahier. Trouve la définition de deux mots comme en a. En classe, ton/ta partenaire la complète. | Denke dir zwei Definitionen wie in a aus. Dein/e Partner/in ergänzt sie mit den richtigen direkten Objektpronomen.

5 **Grammaire mixte:** Complète par *me/m', te/t', le/la/l', les* el les verbes.

Noah: Tu __aimes__ (*aimer*) l'album des BB Brunes? On pourrait __l'__ écouter sur la minichaîne de la cuisine!

Jade: Oui, super! Alors, notre recette, on __peut__ (*pouvoir*) __la__ faire maintenant? __Écoute__ (*écouter*): «Prenez les œufs ...» Tu __les__ as?

Noah: Lalalala ... Pardon! Je __t'__ écoute! Les œufs __sont__ (*être*) là! Et voilà la farine, le paquet de sucre ... Mais où __est__ (*être*) le beurre? Je ne __le__ trouve pas!

Jade: Zut, le beurre! Je __retourne__ (*retourner*) au supermarché! Tu __m'__ accompagnes ou je __te__ retrouve ici?

Écrire

6 Alexandre et son père font les courses. Qu'est-ce qu'ils achètent?

Ils achètent un paquet de biscuits, des bananes, deux paquets de spaghettis, beaucoup de tomates,

deux bouteilles de lait, six œufs, deux tablettes de chocolat, un kilo de farine et une bouteille de jus de fruits.

Écouter et comprendre

7 Jade et sa mère préparent la liste des courses. Jade note.

29

a Écoute et fais la liste avec Jade. Écris dans ton cahier.

b Maintenant, regarde le dessin et compare avec la liste. Une chose de la liste n'est pas sur le dessin. Note-la. | Vergleiche die Zeichnung mit der Liste. Etwas fehlt. Schreibe auf, was.

une bouteille de lait

Parler

8 Prépare le dialogue p. 84 et joue-le en classe avec ton/ta partenaire.

Regarder et comprendre

9

Va sur le site scook.de/bayern et tape le code, page 1.
Regarde le film et fais l'exercice p. 90.

VOLET 3

Lire et comprendre

1 **Relis le texte p. 141. Qui pense quoi? Écris le(s) prénom(s) à côté des phrases. | Lies den Text S. 141 noch einmal. Wer denkt was? Trage den oder die Vornamen neben die Sätze ein.**

Lukas Théo Yasmine
Noah Jade Clara

1 Est-ce qu'ils vont être à l'heure? — *Théo*

2 Les jeux vidéo, ça va cinq minutes, mais on ne va pas rester devant l'ordinateur pendant 5 heures! — *Clara, Jade et Yasmine*

3 Ça va, ils aiment mon DVD! — *Yasmine*

4 Ils sont drôles, mais là, je ne comprends pas la blague! — *Lukas*

5 Clara danse bien! — *Théo*

6 Est-ce que Théo va aimer ma chanson? — *Noah*

Vocabulaire

2 **a** **Salade d'anniversaire! | Im Raster sind 14 Nomen versteckt. Finde und markiere sie.**

B	V	C	F	A	T	A	B	O	U	L	É
R	R	A	R	N	D	I	S	M	P	P	I
E	L	M	A	N	J	X	A	G	C	B	T
T	D	B	I	I	E	J	L	Â	A	O	R
Z	Y	I	S	V	U	P	A	T	S	U	A
E	R	A	E	E	X	A	D	E	K	G	E
L	C	N	S	R	B	N	E	A	E	I	O
S	H	C	O	S	Y	A	F	U	T	E	R
Z	I	E	H	A	C	N	W	Z	C	S	A
P	P	Y	K	I	J	A	V	N	H	B	N
M	S	E	X	R	P	S	O	C	E	I	G
P	O	I	R	E	J	Z	E	L	S	D	E

Die meisten dieser Wörter brauchst du in **b**.

b **Complète le texte avec des mots de a. | Ergänze den Text mit Wörtern aus a.**

Il y a une fête chez Clara! Théo arrive avec deux cadeaux: un CD et ... une invitation au cinéma!

Il y a un buffet avec une *salade* de fruits et un cocktail avec des *fraises/ananas*. Il y a aussi deux bouteilles de jus *d'orange*. Devant les bouteilles, il y a des *chips*, des *bretzels* et un *taboulé*.

Et bien sûr, un *gâteau* à la *poire* et au chocolat avec des *bougies*! Un, deux, trois, Clara les souffle! Joyeux *anniversaire*!

Les copains chantent des chansons, font des *jeux*, regardent des *sketches* d'Omar et Fred. L'*ambiance* est super!

Grammaire

3 Complète par les formes de *entendre* et *attendre*. | Ergänze mit den Formen der Verben *entendre* und *attendre*. (▶ Repères, p. 147/4)

1. – Nous sommes à côté d'Arte.
   – Mais nous vous _attendons_ (attendre) dans le Parc de l'Orangerie!
2. Vous pouvez répéter, s'il vous plaît, on ne vous _entend_ (entendre) pas.
3. Ah, vous êtes là! Vos élèves vous _attendent_ (attendre) au CDI.
4. Karim, Yasmine, _attendez_ (attendre), s'il vous plaît!

4 **Grammaire mixte:** Forme les phrases. | Finde die richtige Reihenfolge der Wörter wieder, konjugiere die Verben und schreibe die Dialoge auf. (▶ Repères, p. 147/3)

1

– On / *retrouver* / vous / à midi, / d'accord?

– On vous retrouve à midi, d'accord?

– Nous / devant la cantine. / *attendre* / vous

– Oui, nous vous attendons devant la cantine.

2

– Les garçons, / vous / *aider*, / nous / s'il vous plaît?

– Les garçons, vous nous aidez, s'il vous plaît?

– Ils / pas. / t' / *entendre* / ne

– Ils ne t'entendent pas.

▶

3

– *retrouver* / vous / On / au parc?

– On vous retrouve au parc?

– *inviter* / Non, / vous / à la maison. / je

– Non, nous vous invitons à la maison.

4

– Est-ce que / *prendre* / les / vous

– Est-ce que vous les prenez?

– d'abord / *vouloir* / Non, / les / je / écouter.

– Non, d'abord je voudrais les écouter.

Écrire

5 Imagine l'histoire et raconte-la dans ton cahier. | Sieh dir die Bilder an und erzähle die Geschichte von Yasmines Geburtstag. Du kannst auch Dialoge zu den Bildern schreiben. Schreibe in dein Heft.

1 Qu'est-ce qu'on dit?

Wie sagst du das auf Französisch? Schreibe in dein Heft.

1. Du möchtest wissen, wann dein Freund Geburtstag hat.
2. Du sagst deiner Freundin, dass du dich auf sie verlässt.
3. Du fragst, wer mitkommen will.
4. Du gratulierst jemandem zum Geburtstag.
5. Du möchtest ein Geschenk kaufen und fragst nach dem Preis.
6. Du findest das Geschenk zu teuer.

2 Das Datum

Schau dir einen Kalender an und schreibe das Datum auf Französisch auf.

1. Erster Weihnachtstag: *le 25 décembre* ____
2. Tag der Arbeit: ____
3. Neujahrstag: ____
4. Martinstag: ____
5. Valentinstag: ____
6. Tag der deutschen Einheit: ____

3 Die Zahlen bis 100

31

Bingo! Hör dir die Zahlen an und kreise diejenigen ein, die angesagt werden. Welche Zahlen bilden eine Dreierreihe?

(61)	78	91
52	74	87
82	66	99

____

4 Die Verben

Grammaire mixte: **Die Verben** *acheter*, *entendre* **und** *attendre*. **Ergänze mit den korrekten Verbformen.**

1. ____ mes fraises, trois euros le kilo!

2. Maman, tu m'____ un bretzel, s'il te plaît?

3. Allô? ... Allô? Je ne t'______________________ pas, qu'est-ce qu'il y a?

4. – Pardon, est-ce que le tram D passe par ici?

– Oui, nous l'______________________, il va bientôt arriver.

5. Vous êtes en retard! Tout le monde vous ______________________.

5 Die Mengenangaben

Tu veux préparer un gâteau à la banane et des cocktails de fruits. Qu'est-ce que tu achètes?

a **Coche les choses pour la liste des courses.**

☐ farine ☐ chocolat ☐ œufs ☐ lapin ☐ fraises ☐ ananas

☐ moutarde ☐ jus d'orange ☐ poisson ☐ sucre ☐ bananes ☐ pain

b **Écris ta liste. Utilise:** *paquet de*, *bouteille de*, *kilo de*.

____

____

____

6 Die direkten Objektpronomen

Grammaire mixte: Complète par les verbes et les pronoms objet direct *me/m', te/t', nous, vous, l'/le/la, les*.

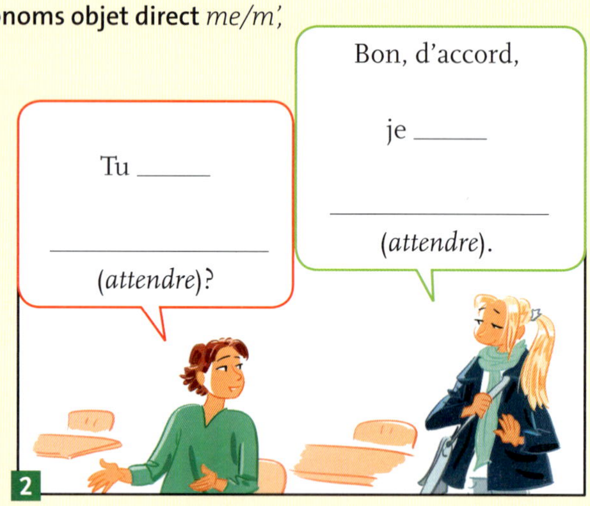

 Solutions, p. 98

Unité 8 Les vacances à Paris!

VOLET 1

Vocabulaire

1 Qu'est-ce qu'on peut faire pendant les vacances?

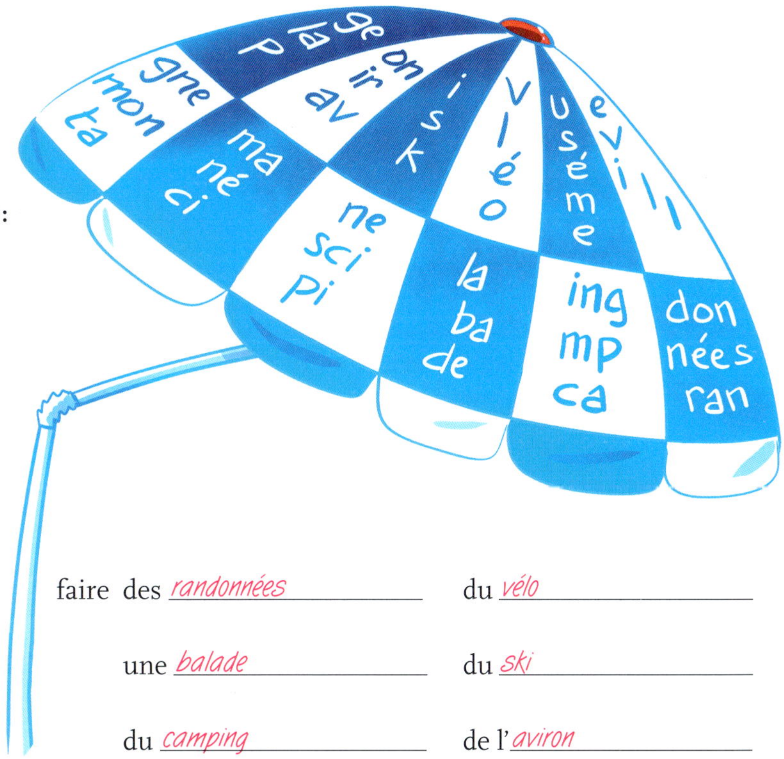

a Trouve les mots cachés puis complète:

Pendant les vacances, on peut:

aller à la *piscine*

à la *plage*

à la *montagne*

au *cinéma*

visiter une *ville*

un *musée*

faire des *randonnées*

une *balade*

du *camping*

du *vélo*

du *ski*

de l'*aviron*

b Et qu'est-ce qu'on peut faire encore? Trouve trois autres activités. (▶ Liste des mots, p. 198–220)

1. *On peut passer une semaine chez ses grands-parents.*
2. *On peut faire un atelier de théâtre.*
3. *On peut prendre des cours de français.*

Écouter et comprendre

32

2 a Écoute et coche leurs activités préférées. | Einige Zeichnungen bleiben übrig!

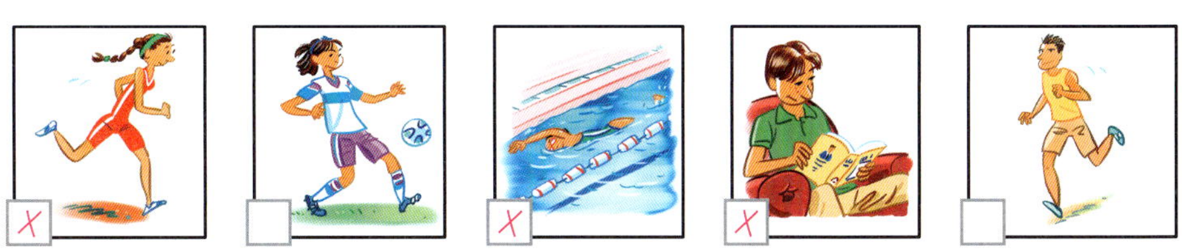

b Écoute encore une fois et note tout ce qu'on apprend sur les trois jeunes.

Écrire

3 Pendant les vacances tu restes à la maison. Qu'est-ce que tu vas faire? Écris dans ton cahier.

VOLET 2

Écouter et comprendre

1 a Écoute et note le numéro du dialogue. | Ein Bild ist zu viel.

4

2

3

1

b Réponds aux questions:

1. Qu'est-ce que le garçon veut faire (dialogue 2)? *– Il veut rester près de la tente.*
2. D'où vient la fille? (dialogue 3)? *– Elle vient de Strasbourg.*
3. Quel est le problème de la fille? (dialogue 4)? *– Elle a faim.*

Vocabulaire

2 a Complète. | Vervollständige die Wettervorhersage.

Mesdames et Messieurs, bonsoir! Voilà la météo pour demain ... Beaucoup de soleil à *Strasbourg* et à *Toulouse*. Il va faire très chaud à *Marseille*! Il ne fait pas très beau à *Paris* et il pleut beaucoup à *Brest*.

b Quel temps est-ce qu'il fait chez toi aujourd'hui? *Il fait beau / Il ne fait pas très beau / Il pleut ... Ça dépend!*

3 La pluie a effacé des mots sur la carte de Jade. Complète. | Der Regen hat einige Wörter auf der Karte von Jade verwischt. Ergänze sie. Es gibt mehrere Möglichkeiten.

Salut Yasmine!

Comment ça va à Marseille? Est-ce que tes cousins sont *cool*? Est-ce que tu vas souvent *à la* plage? Là, *je* suis à Lyon, chez ma tante. Elle a 30 *ans* et elle adore les enfants! C'est cool, on fait un tas de trucs *ensemble*. Elle *habite* près du centre-ville et elle adore faire du shopping, alors je l'*accompagne* souvent! Et demain, il *va faire* beau, alors on va *faire du* vélo *près du* Rhône[1]! Allez, *à bientôt*, Jade

1 le Rhône *Fluss in Lyon*

S'entraîner

4 a **Qu'est-ce qu'ils font pendant leurs vacances? Complète. Utilise** *pour* **+ l'infinitif.** **(▶ Repères, p. 162/1)**

1. Je voudrais aller à Paris *pour visiter la Villette.*
2. Noah monte sur la tour Eiffel *pour prendre des photos.*
3. Les Vosges sont super *pour faire des randonnées.*
4. Clara retrouve Lukas *pour écouter des CD.*

b **À vous! Écrivez et dessinez quatre phrases comme en a. | Schreibt und malt vier Sätze wie in a. Trennt die Anfänge von den Enden und lasst euren Partner / eure Partnerin puzzeln.**

5 a **Dans le blog de Cédric, il manque[1] les adjectifs. Retrouve la bonne place pour les adjectifs entre parenthèses. Complète et fais attention à l'accord. Écris dans ton cahier.**

1 **il manque** *hier:* es fehlen

> Aujourd'hui, je suis parce que je vais aller au Louvre avec Sabrina. Sabrina est mon amie et le Louvre, c'est son endroit à Paris. (préféré / content / allemand) Le Louvre, c'est un musée et Sabrina est une fille et très. (intelligent / sympathique / immense) Elle lit beaucoup de livres et elle parle bien français. C'est une chose parce que moi, je suis en allemand! (nul / pratique / intéressant) Sabrina est aussi une fille très mais elle parle de choses. J'adore l'écouter. Ça va être une journée. (magnifique / bavard / intéressant)

b **Écris le blog de Sabrina. Elle parle de Cédric et de Paris. Utilise au moins huit adjectifs de a. Écris dans ton cahier.**

Réviser

6 **Grammaire mixte: Clara et sa grand-mère veulent préparer une salade de fruits. Elles sont au supermarché. Qu'est-ce qu'elles achètent? Complète par** *ce*/*cet*/*cette*/*ces* **et les verbes.** **(▶ p. 149/6)**

–Regarde, *ces* fraises *sont* (*être*) super!

Elles *coûtent* (*coûter*) trois euros.

–C'est trop cher! Pour la salade de fruits,

on *prend* (*prendre*) *cette* pomme,

cette banane, *cet* ananas et *cette* orange.

–*Prends* (*prendre*) aussi *cette* poire. Et pour *ce* soir, on pourrait

prendre (*prendre*) *ces* bonbons et *ces* chips. D'accord?

–Bonne idée! Et pour demain on *achète* (*acheter*) *ce* gâteau.

Regarder et comprendre

7

Va sur le site scook.de/bayern et tape le code, page 1.
Regarde le film et fais l'exercice p. 91.

Parler

8 Prépare le dialogue p. 85 et joue-le en classe. (▶ Méthodes, p. 179)

Lecture

9 a Lis l'histoire.

Les vacances, c'est la liberté!

C'est l'été. C'est samedi. C'est les vacances. Victor et ses parents arrivent en Bretagne. Ils vont passer l'été au bord de la mer. C'est super! La maison est jolie, il y a un hamac dans la cour, la plage n'est pas loin, il fait beau, Victor est content: Vive les vacances! Vive la liberté!

Dans la maison à côté, il y a une fille. Elle a l'âge de Victor, elle est devant sa maison, elle a des jumelles, elle regarde quelque chose, mais quoi? Victor ne sait pas.

Il veut aller à la plage, mais ses parents l'appellent: Victor, tu es où? On va au village! Vite! Le château ferme à 17 heures!

Zut, la plage, c'est pour demain! Victor accompagne ses parents au village.

C'est dimanche, c'est les vacances et il fait beau! Maintenant, Victor veut regarder une BD dans son hamac. Il va dans la cour. La fille est là, devant sa maison, elle a toujours ses jumelles et elle regarde encore quelque chose. Qu'est-ce que ça peut être? Les garçons et les filles sur la plage? Un chien? Un chat? Des animaux dans la nature? Les bateaux sur la mer? Elle attend, mais qu'est-ce qu'elle attend?

Victor rêve un peu dans son hamac, mais ses parents l'appellent encore: Ils veulent emprunter des VTT… C'est pratique: Avec les VTT, ils peuvent faire du sport ET visiter la région!

Zut, le hamac c'est pour demain! Victor fait une randonnée à VTT avec ses parents.

Ça continue comme ça pendant toutes les vacances[1]: Victor fait beaucoup de choses avec ses parents et la fille reste devant sa maison avec ses jumelles.

Quand Victor va en balade, elle est là. Quand Victor rentre à la maison, elle est là. Victor ne comprend pas. Est-ce qu'elle a un problème? Pourquoi est-ce qu'elle regarde la plage mais ne va pas à la plage? Ça fait beaucoup de questions …

Demain, c'est le départ. Victor et ses parents vont rentrer à Strasbourg parce que c'est bientôt la rentrée. C'est le moment. Alors Victor va chez la fille …

1 **toutes les vacances** die ganzen Ferien

b Imagine une fin pour tes camarades et note-la sur une feuille: Qui est la fille? Qu'est-ce qu'elle regarde?

1 Qu'est-ce qu'on dit?

Wie sagst du auf Französisch,

- dass du zwei Wochen mit deinen Großeltern am Ammersee verbringen wirst?
- dass ihr zelten werdet?
- dass du im Ammersee baden wirst und
- dass ihr Wanderungen machen werdet?

2 Wortschatz

a Complète.

b Quel temps est-ce qu'il fait? Complète.

______ ______ ______

3 Grammatik

Grammaire mixte: Complète le mail de Théo par *quand*, *pour* et les formes des verbes *être*, *jouer*, *aller*.

Salut Noah! Je ______ dans les Pyrénées, dans un camping[1]. Il y a un restaurant et une piscine. La piscine, c'est super ______ il fait chaud! ______ il pleut, on ______ des parties de cartes sous la tente. Et ______ mes parents m'énervent, je ______ à la salle de jeu[2] ______ jouer sur l'ordinateur! Demain, on va aller à Foix ______ visiter le château. Alors, c'______ cool, Paris? Tu m'appelles ______ tu rentres? Je voudrais te retrouver ______ regarder tes photos de Paris.

À plus, Théo

1 **le camping** *hier:* der Campingplatz 2 **la salle de jeu** der Spieleraum

Solutions, p. 99

Le jeu des vacances

Règles du jeu
Spielregeln

Ihr könnt dieses Spiel zu dritt, zu viert oder zu fünft spielen.
In jeder Gruppe übernimmt eine/r von euch die Rolle des Spielleiters / der Spielleiterin.

Zum Spielen braucht ihr: einen Würfel, einen Stein (oder einen Knopf) pro Spieler/in.

Die Spieler decken die Seite mit den Lösungen ab und haben das Spielbrett vor sich (▶ S. 77), der Spielleiter / die Spielleiterin hat die Fragen und die Lösungen vor sich. (▶ S. 76)

Ihr würfelt der Reihe nach. Der Spielleiter / die Spielleiterin liest die entsprechende Frage vor und überprüft die Antwort mit Hilfe der Lösungen. Wer nicht richtig antwortet, kehrt zu seinem Ausgangsfeld zurück. Wer zuerst am Reiseziel angekommen ist, hat gewonnen.

Plage: Parlons Français

	Questions	Réponses
1	Du fragst einen neuen Schüler nach seinem Namen.	Tu t'appelles comment?
2	Du fragst jemanden nach seinem Alter.	Tu as quel âge? / Vous avez quel âge?
3	Du sagst, dass du in Deutschland wohnst.	J'habite en Allemagne.
4	Du fragst Freunde, was sie heute vorhaben.	Qu'est-ce que vous faites aujourd'hui?
5	Du gratulierst jemandem zum Geburtstag.	Joyeux anniversaire!
6	Du sagst, dass du Hunger hast.	J'ai faim.
7	Du sagst, dass du Hunde magst, dass du aber Katzen lieber magst.	J'aime (bien) les chiens mais je préfère les chats.
8	Du fragst deinen Lehrer, ob er etwas wiederholen kann.	Monsieur, vous pouvez répéter, s'il vous plaît?

Globe: Grammaire

	Questions	Réponses
1	Wie lautet die 2. Person Plural des Verbs „faire" im Präsens?	vous faites
2	Buchstabiere „nous mangeons".	m-a-n-g-e-o-n-s
3	Verneine den Satz: „J'aime les spaghettis."	Je n'aime pas les spaghettis.
4	Wie sagst du auf Französisch: „Léa ist meine Freundin."?	Léa est mon amie.
5	Wie lauten die 1. Person Singular und die 1. Person Plural des Verbs „être" im Präsens?	je suis, nous sommes
6	Setze den Satz in den Plural: „Mon frère veut faire une balade."	Mes frères veulent faire une balade.
7	Wie lautet die Frage zum Satz: „Je vais au collège **à huit heures**."?	À quelle heure est-ce que tu vas au collège?
8	Sage auf Französisch: „Morgen werde ich ins Schwimmbad gehen."	Demain, je vais aller à la piscine.

Feu d'artifice: La France et les Français

	Questions	Réponses
1	La Montagne des Singes est **a** dans les Pyrenées **b** près de Paris **c** en Alsace.	**c** en Alsace
2	C'est un endroit à l'école. Les enfants mangent là-bas à midi.	la cantine
3	C'est un quartier de Strasbourg avec des maisons du Moyen-âge.	la Petite France
4	Genève est en France. Vrai ou faux?	faux: C'est en Suisse.
5	SVT, qu'est-ce que ça veut dire?	Sciences de la Vie et de la Terre
6	Tu es en France et tu réponds au téléphone. Qu'est-ce que tu dis?	Âllo?
7	ZAZ: **a** fait du foot **b** chante **c** fait du théâtre.	**b** chante
8	Wie heißt der „Genfer See" auf Französisch?	Le lac Léman

Plage
Parlons français
Tu réponds à une question «Qu'est-ce qu'on dit?».

Globe
Grammaire
Tu réponds à une question de grammaire.

Feu d'artifice
La France et les Français
Tu réponds à une question sur la France et les Français.

Ce sont les vacances!
Tu passes un tour.
Du setzt einmal aus.

Tu aimes les Pyrénées
Tu avances de deux cases. Du rückst zwei Felder vor.

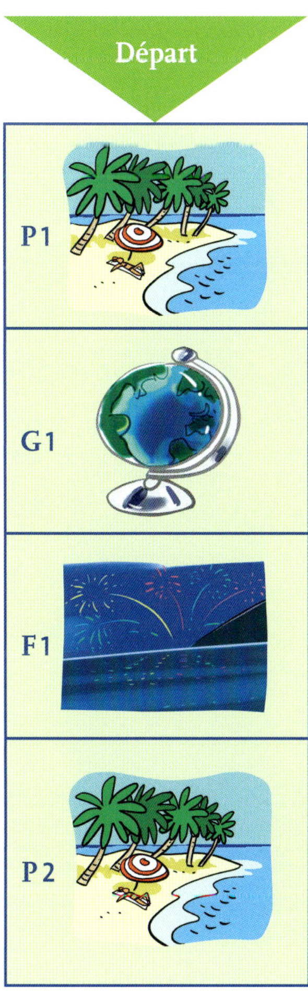

Annexe

Tandem Unité 1/3 (p. 8)

So arbeitet ihr mit einem Tandembogen:

1. Mündliche Übung:
- Legt fest, wer *Partenaire A* und wer *Partenaire B* ist.
- *Partenaire A* sieht sich nur die linke Spalte an. *Partenaire B* sieht sich nur die rechte Spalte an.
- *Partenaire A* liest den Satz A vor. *Partenaire B* vervollständigt den Satz B.
- *Partenaire A* hilft oder korrigiert, wenn es nötig ist.
- Dann liest *Partenaire A* den nächsten Satz vor.
- Nach einem Durchgang tauscht ihr die Rollen.
- Es gibt ein freies Feld unten auf der Seite? Dann denkt euch ein oder mehrere Beispiele aus und übt weiter.

Partenaire A

A: Le garçon, c'est qui?

B: C'est Lukas.

A: La fille, c'est qui?

B: C'est Yasmine.

A: Le garçon, c'est qui?

B: C'est Théo.

A: La fille, c'est qui?

B: C'est Clara.

A: Le garçon, c'est qui?

B: C'est Noah.

A: Le monsieur, c'est qui?

B: C'est Monsieur Martel.

A: (Individuelle Lösungen) ____________________

B: ____________________

Partenaire B

A: Le garçon, c'est qui?

B: 

A: La fille, c'est qui?

B: 

A: Le garçon, c'est qui?

B: 

A: La fille, c'est qui?

B: 

A: Le garçon, c'est qui?

B: 

A: Le monsieur, c'est qui?

B: 

A: ____________________

B: ____________________

Tandem Unité 2/2 (p. 16)

Lest euch noch einmal die Übungsanweisungen für die Tandembögen auf S. 78 durch.

Partenaire A

A: Qu'est-ce qu'il y a entre l'armoire et le lit?

B: Entre l'armoire et le lit, il y a une table.

A: Qu'est-ce qu'il y a sur la table?

B: Sur la table, il y a un ordinateur.

A: Qu'est-ce qu'il y a sous la chaise?

B: Sous la chaise, il y a des stylos.

A: Qu'est-ce qu'il y a sur l'étagère?

B: Sur l'étagère, il y a une collection de pierres.

A: Qu'est-ce qu'il y a dans l'armoire?

B: Dans l'armoire, il y a des livres et une minichaîne.

A: Qu'est-ce qu'il y a devant le lit?

B: Devant le lit, il y a une guitare.

A: Qu'est-ce qu'il y a derrière l'ordinateur?

B: Derrière l'ordinateur, il y a des clés.

A: Qu'est-ce qu'il y a sur le lit?

B: Sur le lit, il y a un hamac.

A: Qu'est-ce qu'il y a entre la lampe et la télé?

B: Entre la lampe et la télé, il y a un livre.

A: *(Individuelle Lösungen)* ______________________

B: ______________________

Partenaire B

A: Qu'est-ce qu'il y a entre l'armoire et le lit?

B: Entre l'armoire et le lit, il y a 

A: Qu'est-ce qu'il y a sur la table?

B: Sur la table, il y a 

A: Qu'est-ce qu'il y a sous la chaise?

B: 

A: Qu'est-ce qu'il y a sur l'étagère?

B: 

A: Qu'est-ce qu'il y a dans l'armoire?

B: 

A: Qu'est-ce qu'il y a devant le lit?

B: 

A: Qu'est-ce qu'il y a derrière l'ordinateur?

B: 

A: Qu'est-ce qu'il y a sur le lit?

B: 

A: Qu'est-ce qu'il y a entre la lampe et la télé?

B: 

A: ______________________

B: ______________________

Parler Unité 3/4 (p. 29)

1 **Stell dir vor: Du hast eine/n französische/n Brieffreund/in. Fülle auf Französisch seinen/ihren Steckbrief aus.**

Steckbrief von: ______________________________

Foto

Name? ______________________________

Alter? ______________________________

Geschwister? ______________________________

Wohnort? ______________________________

Klasse? ______________________________

Familienverhältnisse? ______________________________
(Arbeiten die Eltern, sind sie
zusammen oder getrennt?) ______________________________

Haustier? ______________________________
(Wenn ja, welches?)

2 a **Auch dein/e Partner/in hat eine/n französische/n Brieffreund/in. Partner/in A stellt Partner/in B Fragen auf Französisch über seinen/ihren Brieffreund/in. B antwortet. Benutzt den Steckbrief, um auf die Fragen zu antworten.**

Du willst wissen,

... wie der/die Brieffreund/in heißt.

... wie alt er/sie ist.

... ob er/sie Geschwister hat.

... wo er/sie wohnt.

... in welche Klasse er/sie geht.

... ob seine/ihre Eltern arbeiten, ob sie zusammen oder getrennt sind.

... ob er/sie ein Haustier hat.

3 **Tauscht die Rollen. A beantwortet die Fragen von B.**

Tandem Unité 4/2 (p. 35)

Mit diesem Tandembogen übt ihr

die Verben	*aimer/adorer/détester/préférer*	*+ le/la/l'/les*	+ Nomen.
und das Verb	*faire*	*+ du / de la / de l' / des*	

Lest euch noch einmal die Übungsanweisungen für die Tandembögen auf S. 78 durch.

Partenaire A

A: Noah aime le sport?

B: Oui, il adore le sport. Il fait de l'athlétisme et du foot.

A: Clara déteste le sport?

B: Non, elle aime le sport. Elle fait de l'athlétisme.

A: Lukas aime le sport?

B: Oui, il aime le sport, il fait du tennis.

A: Il aime aussi la musique?

B: Oui, il aime la musique, il fait de la flûte.

A: Amandine aime la musique?

B: Oui, elle adore la musique. Elle fait de la flûte.

A: Simon aime le sport?

B: Oui, il adore le sport. Il fait du foot et du ski.

A: Yanis déteste la musique?

B: Non, il adore la musique et il fait des percussions.

A: *(Individuelle Lösungen)* ______________________

B: ______________________

Partenaire B

A: Noah aime le sport?

B: Oui, il (*adorer* – le sport).

Il (*faire* –  et – ).

A: Clara déteste le sport?

B: Non, elle (*aimer* – le sport).

Elle (*faire* – ).

A: Lukas aime le sport?

B: Oui, il (*aimer* – le sport). Il (*faire* – ).

A: Il aime aussi la musique?

B: Oui, il (*aimer* – la musique). Il (*faire* – ).

A: Amandine aime la musique?

B: Oui, elle (*adorer* – la musique).

Elle (*faire* – ).

A: Simon aime le sport?

B: Oui, il (*adorer* – le sport)

Il (*faire* –  et – ).

A: Yanis déteste la musique?

B: Non, il (*adorer* – la musique).

Il (*faire* – ).

A: ______________________

B: ______________________

Parler Unité 5/3 (p. 49)

1 Stell dir vor: Du bist Schüler/in an einem französischen *Collège* und das ist ein Auszug deines Stundenplanes. Ergänze ihn. Schreibe fünf Fächer und drei Freizeitaktivitäten auf.

	MARDI	MERCREDI	JEUDI
8:00	Français (salle 20)		
9:00	Maths (salle 13)		Maths (salle 11)
10:00			
11:00			Anglais (salle 15)
12:00			
13:00			CDI
14:00	Permanence		
15:00	Arts plastiques (salle 9)		
16:00			
17:00			
18:00			

2 Auch dein/e Partner/in hat seinen/ihren Stundenplan ergänzt. Partner/in A stellt Partner/in B Fragen auf Französisch über seinen/ihren Stundenplan. B antwortet.

Du willst wissen,
... um wie viel Uhr **B** dienstags in die Schule geht.
... ob **B** Musikunterricht hat.
... wann **B** Englisch hat.
... wo **B** dienstags Mathe hat.
... was **B** Mittwoch nachmittags macht.
... ob **B** ein Lieblingsfach hat. Wenn ja, warum **B** das Fach mag.

Denke dir noch drei weitere Fragen aus.

____

____

____

3 Tauscht die Rollen. A beantwortet die Fragen von B.

Parler Unité 6/3 (p. 58)

Du bist das erste Mal in Straßburg bei deinem/deiner Austauschpartner/in zu Besuch. Ihr plant gemeinsam eine Stadtbesichtigung. Partner/in A spielt die Rolle des/der französischen Austauschpartners/Austauschpartnerin, Partner/in B spielt sich selbst (und spricht französisch).

1 Entscheidet, wer A und wer B ist, und spielt den Dialog.

Partenaire A = corres français/e	**Partenaire B** = corres allemand/e
– fragt, was B sehen möchte;	– möchte das Stadtzentrum sehen;
– sagt, dass das Zentrum nicht groß ist und dass ihr viele Sachen zu Fuß machen könnt;	– ist einverstanden;
– sagt, dass ihr auch das Viertel „La Petite France“ besichtigen könnt;	– fragt, was man in dem Viertel besichtigen kann;
– sagt, dass es viele Häuser aus dem Mittelalter und Brücken gibt; und dass das sehr schön ist, aber ziemlich touristisch;	– findet das interessant;
 – sagt, dass ihr Straßburg auch mit dem Boot besichtigen könnt und dass das Boot durch „La Petite France“ fährt;	– findet das eine tolle Idee und fragt, wann ihr die Bootsfahrt machen könnt;
um zehn Uhr;	fragt, wann ihr zurückkommt,
– um 11.30;	– fragt, ob ihr auch noch das Schokoladenmuseum besichtigen könnt;
– bejaht, nach dem Mittagessen;	– fragt, ob ihr im Zentrum essen gehen könnt;
– sagt, ihr könnt auch im Schokoladenmuseum essen.	– ist ganz begeistert und sagt, dass das Programm super ist.

2 Tauscht die Rollen.

Parler Unité 7/2 (p. 65)

Du bist in Frankreich bei deinem/deiner Austauschpartner/in. Ihr plant, für den Geburtstag eines Freundes (Jérémy) ein Geschenk zu kaufen. Partner/in A spielt sich selbst, Partner/in B spielt die Rolle des/der französischen Austauschpartners/Austauschpartner/in.

1 Entscheidet, wer A und wer B ist, und spielt den Dialog.

Partenaire A = corres allemand/e	**Partenaire B** = corres français/e
– will wissen, wann Jérémy Geburtstag hat.	– antwortet;
– fragt, ob ihr zusammen ein Geschenk kaufen wollt;	– ist einverstanden und macht einen Vorschlag;

– möchte wissen, was die Figuren kosten;	– eine Figur kostet 27 Euro, die beiden kosten 54 Euro;
– findet das zu teuer und macht zwei Gegenvorschläge;	– findet beide Vorschläge toll und fragt, was ihr jetzt machen wollt;

– antwortet.	

Ihr verabredet euch, um das Geschenk zu kaufen (wann, um welche Uhrzeit und wo).

2 Tauscht die Rollen.

Parler Unité 8/2 (p. 74)

Es sind Ferien. Partner/in A ruft seine/n / ihre/n französische/n Austauschpartner/in an.

1 Entscheidet, wer A und wer B ist, und bereitet euch auf das Telefongespräch vor.

Partenaire A = corres allemand/e	**Partenaire B** = corres français/e
Du bist in Frankreich. Bereite dich auf das Gespräch vor.	Du bist zufälligerweise gerade in Deutschland. Bereite dich auf das Gespräch vor.
Wo verbringst du die Ferien? Suche einen der folgenden Orte aus: – Paris – Strasbourg et les Vosges – Marseille	Wo verbringst du die Ferien? Suche einen Ort aus, den du gut kennst.
Mit wem verbringst du die Ferien? – mit deinen Eltern, – mit einem Freund / einer Freundin und dessen/deren Eltern, – mit einer Gruppe. Machst du einen Campingurlaub?	Mit wem verbringst du die Ferien? – mit deinen Eltern, – mit einem Freund / einer Freundin und dessen/deren Eltern, – mit einer Gruppe. Machst du einen Campingurlaub?
Was machst du gerade? Denke dir eine Aktivität aus.	Was machst du gerade? Denke dir eine Aktivität aus.
Was hast du morgen vor? Denke dir zwei Aktivitäten aus.	Was hast du morgen vor? Denke dir zwei Aktivitäten aus.
Wie ist das Wetter? – heute – morgen	Wie ist das Wetter? – heute – morgen

2 Schaut euch eure Rollen an, bereitet vor, was ihr sagen wollt, und spielt das Telefongespräch.

Partenaire A	**Partenaire B**
Du rufst an.	Dein Handy klingelt. Du meldest dich und ...
Du fragst **B**, – wie es ihm/ihr geht, – was er/sie gerade macht, – wo er/sie seine Ferien verbringt, – was er/sie morgen vorhat, – wie das Wetter ist.	... beantwortest die Fragen von **A**. Du möchtest aber auch wissen: – was **A** gerade macht und wo er/sie ist, – ob er/sie mit seinen/ihren Eltern unterwegs ist, – was er/sie morgen vorhat, – wie das Wetter ist.

Unité 1/Volet 1 (p. 3)

Film
▸ code, p. 1

4 a Regarde le film. Coche la bonne réponse. | Schau dir den Film (s. Code Seite 1) an. Begrüßen oder verabschieden sich die Personen in den Szenen? Kreuze an.

	Szene 1	Szene 2	Szene 3	Szene 4	Szene 5	Szene 6	Szene 7
Begrüßung	X	X		X		X	X
Verabschiedung			X		X		

b Regarde le film encore une fois. Coche la bonne réponse. | Schau dir den Film noch einmal an. Kreuze die richtige Antwort an.

1. Der Name der Schule lautet

- [x] Maxime Alexandre
- [ ] Pierre Mendès France
- [ ] Marie-Laurine

2. Welche Flaggen erkennst du im Film?

- [ ] 
- [x] 
- [ ] 
- [x] 

c Complète. | Ergänze. Was antworten die Jugendlichen auf die Frage „Ça va"?

Super! Ça va. Bof.

Laurine: Super!

Nicolas: Ça va.

Anissa: Bof.

Unité 1 / Volet 3 (p. 9)

9 C'est qui? Regarde le film et présente les trois jeunes. | Schau dir den Film (s. Code Seite 1) an. Stelle die drei Jugendlichen vor.

Film
→ code, p. 1

Il s'appelle Robin Teissier. Il est en 6^e^ B.

C'est Anissa. Elle est en 5^e^ B et elle est dans la classe de Maxime.

Il s'appelle Maxime. Il est dans la classe d'Anissa, alors il est aussi en 5e B.

Unité 2 / Volet 3 (p. 19)

9 a Regarde le film et coche les bonnes réponses. | Schau dir den Film an und kreuze die richtigen Antworten an.

Film
→ code, p. 1

1

- [x] Laurine
- [ ] Marie

- [ ] est à la maison.
- [ ] rentre à la maison.
- [ ] est en classe.
- [x] est à l'école.
- [x] téléphone.
- [ ] est avec une copine.
- [ ] rêve.

2

- [x] Maxime
- [ ] Robin

- [x] est à la maison.
- [ ] est dans la cuisine.
- [ ] est dans la salle de bains.
- [ ] joue.
- [x] téléphone.
- [ ] écoute des CD.
- [ ] cherche des informations sur Internet.

b Regarde le film encore une fois et complète. | Schau dir den Film noch einmal an und ergänze.

1. Dans la chambre de Laurine, il y a un bureau. Sur le bureau, il y a un ordinateur. À droite, il y a des livres, des CD et des DVD. Entre les livres et l'ordinateur, il y a un poster.

Unité 3 / Volet 2 (p. 24)

Film ▸ code, p. 1

4 a Ils habitent où? Réponds.

Il habite 9, avenue de l'Europe. *Il habite 5, rue du Parc.*

b Vrai ou faux? Coche. | Richtig oder falsch? Kreuze an.

	vrai	faux
Les deux garçons rentrent ensemble.	[x]	[ ]

Unité 3 / Volet 4 (p. 29)

Film ▸ code, p. 1

4 Regarde le film et coche la bonne réponse. | Kreuze die richtige Aussage an.

1. C'est une interview avec
   - [ ] Marie.
   - [x] Laurine.
2. Elle a
   - [x] 11 ans.
   - [ ] 12 ans.
3. Elle habite
   - [x] 6, rue Anatole France à Levallois.
   - [ ] 8, rue Anatole France à Charleroi.
4. Elle a
   - [ ] deux sœurs et un frère.
   - [x] une sœur et deux frères.
5. Elle a
   - [ ] un chien.
   - [x] un chat.
6. Son animal s'appelle
   - [ ] Théo.
   - [x] Réglisse.

Unité 5 / Volet 2 (p. 45)

Film code, p. 1

4 Regarde le film et complète. | Schau dir den Film an und ergänze.

Laurine

Maxime

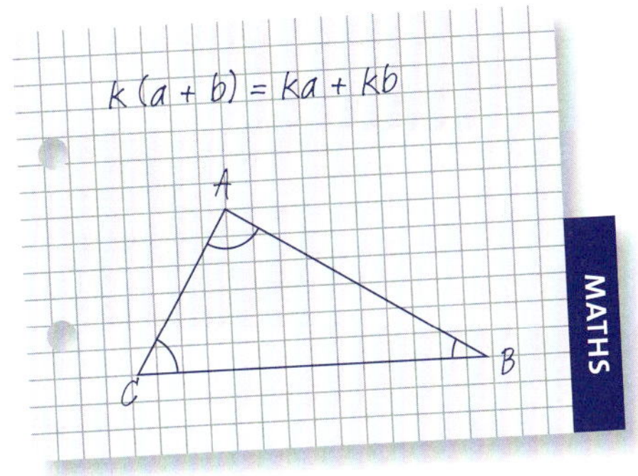

1. *Maxime* aime les *maths*.
2. *Laurine* aime le *français*.
3. *Laurine* adore Madame Forestier.
4. *Laurine* n'aime pas son emploi du temps.
5. *Maxime* a français *le lundi, le mardi et le vendredi*.
6. *Laurine* a maths le vendredi *à quatre heures*.

Unité 5 / Volet 3 (p. 49)

Film code, p. 1

5 a Regarde le film et coche les bonnes phrases. | Kreuze die richtigen Aussagen an.

1. ☐ Nicolas est avec Marie.
2. ☐ Robin appelle Nicolas.
3. ☒ Nicolas appelle Marie.
4. ☒ Nicolas appelle Robin.
5. ☒ Marie a le numéro de téléphone de Robin.
6. ☐ Marie n'a pas le numéro de téléphone de Robin.
7. ☐ Nicolas est devant son ordinateur.
8. ☒ Robin et Nicolas vont ensemble au club de foot.
9. ☐ Nicolas et Robin passent chez Marie à trois heures.
10. ☒ Robin passe chez Nicolas à trois heures.

b Présente Robin et son coin bureau. | Stelle Robin und seine Arbeitsecke vor.

Sur le bureau de Robin, il y a un ordinateur et un livre. Entre l'ordinateur et le livre, il y a un poster.

Robin aime le foot et la nature.

Unité 6 / Volet 2 (p. 56)

Film
▶ code, p. 1

7 **Regarde le film et réponds (en allemand).**

1. Wohin geht Marie? *Marie geht in eine Bäckerei.*

2. Was sagt sie?

Je *voudrais* une glace vanille-chocolat,

s'*il vous plaît*.

3. Was möchte Marie kaufen? *Sie möchte ein Eis kaufen.*

4. Wie viel zahlt Marie? *Sie zahlt 2 Euro.*

5. Was kann man alles in diesem Geschäft kaufen? Ergänze auf Französisch.
(▶ Online-Wörterbuch / Dictionnaire en ligne, p. 193)

★ confiserie ★	★ pâtisserie ★	★ boulangerie ★
des bonbons	*des gâteaux*	*des pains*
des glaces	*des tartes*	*des croissants*
des chocolats	*des brownies*	*des quiches*

Unité 7 / Volet 2 (p. 65)

Film
▶ code, p. 1

9 **a** **Regarde le film, lis les résumés et coche le bon résumé.**

1 Anissa ne va pas très bien. C'est bientôt son anniversaire et ses parents veulent préparer sa fête. Anissa préfère l'organiser aves ses copains. Océane écoute le problème de sa copine et a une idée.
☐

2 Anissa ne va pas très bien. C'est bientôt son anniversaire. Elle veut faire une fête, mais ses parents ne sont pas d'accord parce qu'ils travaillent. Océane écoute le problème de sa copine et a une idée.
☒

3 Anissa ne va pas très bien parce que ses copains ne sont pas là ce week-end pour fêter son anniversaire. Alors sa copine Océane a une bonne idée.
☐

b Océane a une idée. Imagine. | Was könnte Océane für eine Idee haben?

Ils peuvent aller au parc avec les copains et faire du skate. Ils peuvent ensuite préparer ensemble des gâteaux.

Unité 8 / Volet 2 (p. 74)

Film code, p. 1

7 a Regarde le film. Qu'est-ce qu'on peut faire à Paris? Note. | Schau dir den Film an. Was kann man in Paris unternehmen? Mach dir Notizen.

On peut prendre le métro, visiter le Sacré-Cœur, aller au Champ-de-Mars, faire une balade à vélo, prendre un jus de fruits dans un café, acheter des fruits dans la rue, aller au cinéma, jouer dans un parc, aller au musée, rêver dans le Jardin du Luxembourg, visiter les Invalides, passer un moment sur la Place de la Sorbonne.

b Qu'est-ce que Marie et Laurine font ensemble à Paris? Coche.

1. ☐ Elles vont à la piscine.
2. ☒ Elles regardent un livre.
3. ☐ Elles achètent des B.D.
4. ☒ Elles visitent Montmartre.
5. ☐ Elles vont au théâtre.
6. ☒ Elles font du vélo.
7. ☐ Elles achètent des fruits au supermarché.
8. ☒ Elles font une photo devant le Sacré-Cœur.

c Et toi? | Stell dir vor: Du fährst nach Paris. Was wirst du dort unternehmen? Schau dir den Film noch einmal an und mach dir Notizen.

Je vais aller à Montmartre et visiter le Sacré-Cœur. Je vais aussi passer une journée au musée du Louvre et manger un sandwich au Jardin du Luxembourg!

Unité 1 (Fais le point, S. 10–11)

1 **a** 1. Bonjour, Monsieur. / Bonjour, Madame.
2. Je m'appelle ___.
3. Je suis de ___.
4. Je suis **nouveau** à Strasbourg. Je suis **nouvelle** à Strasbourg.
5. Je ne sais pas.

b 1. Tu t'appelles comment?
2. Ça va?
3. Tu es de Strasbourg?
4. Tu es en sixième A?

Wenn du Schwierigkeiten hattest:
▶ Übe noch einmal die Rubrik *Qu'est-ce qu'on dit?* in den *Repères* auf S. 26.
▶ Löse dann die Förderübung im Beiheft, S. 2/1.

2 1. le/la professeur, 2. l'école, 3. la fille, 4. les amis, 5. la classe, 6. les garçons, 7. la cour, 8. les élèves, 9. les amies, 10. le surveillant, 11. la rentrée, 12. la récréation

▶ Übe die Vokabeln mit den Artikeln mit Hilfe der Wortliste ab S. 194, indem du immer eine Spalte abdeckst.
▶ Löse dann die Förderübung im Beiheft, S. 3/2.
Tipp: Schreibe dir die männlichen Nomen **blau**, die weiblichen **rot** auf, so kannst du sie besser behalten. Lerne die Nomen gleich mit dem richtigen Artikel!

3 1. – Vous **êtes** le professeur?
– Non, je **suis** le surveillant.
2. – Tu **es** en sixième?
– Non, je **suis** en cinquième.
3. – Vous **êtes** les élèves de Monsieur Martel?
– Oui, nous **sommes** dans la classe de Monsieur Martel.
4. – Ils **sont** dans la classe de Karim?
– Alors Noah, oui, il **est** en cinquième avec Karim. Yasmine, non. Elle **est** en sixième.
5. – Yasmine, c'**est** qui?
– C'**est** l'amie de Clara.

▶ Schau dir die *Repères* auf S. 27/2 an.
▶ Löse die Förderübung im Beiheft, S. 3–4/3.
Tipp: Eine Verbkonjugationstabelle findest du auf S. 190.

4 1. – Moi, je suis Fata. Et toi, **tu es** Simon?
– Non, **je suis** Samuel.
2. – Noah **est** dans la classe de Yasmine?
– Non, **il est** dans la classe de Jade.
3. – Clara et Lara, vous **êtes** dans la classe de Théo?
– Oui, **nous sommes** / **on est** ensemble.
4. – Clara et Yasmine **sont** en sixième?
– Oui, **elles sont** en sixième A.
5. – Et Théo et Lukas?
– **Ils sont** aussi en sixième A.
6. – Noah et Jade **sont** avec Karim?
– Oui, **ils sont** ensemble en cinquième B.

▶ Hast du Fehler gemacht? Dann löse die Förderübung im Beiheft, S. 4/4.

Unité 2 (Fais le point, S. 20–21)

1

1. Dans ma chambre, il y a une armoire et un hamac.
2. La télécommande est sur l'étagère.
3. Joue avec moi, s'il te plaît.
4. Non, pas maintenant, je travaille.

Wenn du die Redewendungen der Unité 2 noch nicht so gut kannst,
▶ übe noch einmal mit der Rubrik *Qu'est-ce qu'on dit?* (S. 44).
▶ Löse dann die Förderübung im Beiheft, S. 5/1.

2

une armoire
un ordinateur
un stylo
une étagère
une collection
un biscuit
une minichaîne
une chambre
un appartement
une télécommande

Hattest du Probleme mit den unbestimmten Artikeln und den Nomen?
▶ Schreibe eine Liste mit allen neuen Nomen der Unité 2 (Wortliste, S. 199–203) und schreibe die männlichen Nomen in **blau** und die weiblichen Nomen **rot**.
▶ Löse dann die Förderübung im Beiheft, S. 5/2.

3

Dans la chambre de Louise, il y a des bédés et des biscuits **sur** le lit. Les CD sont **sous** la table et les stylos **derrière** l'ordinateur. La minichaîne est **dans** l'armoire, **à droite** et les livres, **à gauche**. La guitare est **devant** l'armoire. Le shampoing est **sur** l'étagère **entre** les pierres et la lampe.

Wenn du Fehler mit den Präpositionen gemacht hast,
▶ sieh dir die Präpositionen in der Wortliste noch einmal an, S. 201.
▶ Löse dann die Förderübung im Beiheft, S. 6/3.

4

Dans la cour, il y a des garçons, des filles, des surveillants/professeurs, une table, une chaise, des livres, des pierres, des biscuits, un ordinateur, un hamac.

Wenn du Probleme mit der Lösung der Aufgabe hattest,
▶ sieh dir die *Repères* auf S. 44/1 noch einmal an.
▶ Löse dann die Förderübung im Beiheft, S. 6/4.

5

Voilà **une** chambre. C'est **la** chambre de Léon. Dans **la** chambre de Léon, il y a **un** coin bédé avec **des** posters et **une** collection de figurines. Et sur l'étagère, il y a **la** collection de bédés de Léon.

Hast du Fehler gemacht?
▶ Sieh dir den Abschnitt 1 der *Repères* (S. 44) noch einmal an und löse dann die Förderübung im Beiheft, S. 6/5.

6

1. Yasmine travaill**e** avec Clara. Après, elles écout**ent** des CD et chant**ent**.
2. – Vous cherch**ez** des informations sur Internet avec moi?
   – Non, pas maintenant. Nous travaill**ons**.
3. – Tu regard**es** des photos?
   – Oui, je cherch**e** des photos de l'école.
4. – On écout**e** un CD ensemble?
   – Non! Tu m'énerv**es**! Je téléphon**e**.
5. Les garçons regard**ent** la télé. Après, Karim jou**e** avec Zorah.

Wenn du Schwierigkeiten mit der Konjugation der Verben hattest,
▶ sieh dir den Abschnitt 2 der *Repères* (S. 45) noch einmal an.
▶ Löse dann die Förderübung im Beiheft, S. 7/6.

Unité 3 (Fais le point, S. 30–31)

1 **Karim:** Théo, qu'est-ce que tu **lis**, après l'école sur ton lit?
Théo: Moi, je **lis** des bédés. Et toi et ta sœur, vous **lisez** beaucoup?
Karim: Yasmine **lit** beaucoup mais moi, je chante avec Noah et j'**écris** des textes.
Théo: Les filles **lisent** toujours beaucoup ... Est-ce que Noah **écrit** aussi des textes?
Karim: Oui, Noah et moi, nous **écrivons** des textes ensemble.
Théo: C'est cool! Vous **écrivez** aussi le rap pour le collège?
Noah: Non, les élèves de la 5ᵉ A **écrivent** «le rap du collège» avec le prof de musique.

Wenn dir die Formen der Verben *lire* und *écrire* nicht eingefallen sind:
▶ Schlage auf S. 47 nach und lerne die Formen auswendig.

2

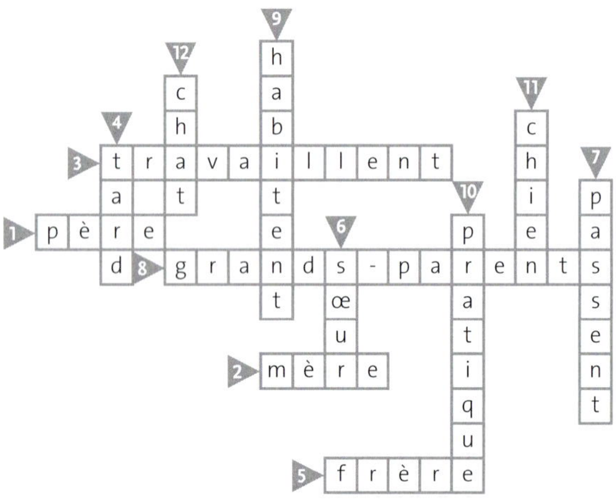

Wenn du die Vokabeln nicht behalten hast:
▶ Wiederhole die Rubrik *Qu'est-ce qu'on dit?* / „Du erzählst vom Familienalltag" in den *Repères* auf S. 66.
▶ Übe noch einmal mit der Wortliste auf S. 204–210.
Du wusstest das passende Verb, konntest es aber nicht konjugieren:
▶ Schlage in der Verbliste auf S. 190 nach.
▶ Löse dann die Förderübung im Beiheft, S. 7/1.

3 Salut, moi c'**est** Ambre! J'**ai** 13 ans. Je **suis** en cinquième, dans une école de Strasbourg. À la maison, nous **sommes** trois enfants. J'**ai** un frère et une sœur, Arthur et Anabelle. Ils **ont** 14 et 15 ans. Ils **sont** cool. Mon frère **est** dans un groupe de rock. Ma sœur et moi, nous **avons** une collection de bédés. Il y **a** aussi Toby, le chien. Et vous, vous **avez** des frères et sœurs? Vous **êtes** aussi de Strasbourg?

Hast du Probleme mit der Konjugation von *avoir*?
▶ Sieh dir den Abschnitt 2 in den *Repères* auf S. 67 an.
▶ Löse dann die Förderübung im Beiheft, S. 8/2
Tipp: In der Verbliste auf S. 190 findest du die Konjugation von *être* und *avoir*.

4 Salut Laurie!
Voilà des photos de **mon** école. Les filles et les garçons, ce sont **mes** copains. Il y a Fiona et Jil. Fiona est toujours avec **sa** guitare et Jil avec **ses** bédés. Entre **mes** deux copines, c'est Mehdi avec **son** frère Sami. Il est très sympa aussi. Il n'est pas dans **ma** classe, mais en cinquième.
Toi et **tes** parents, ça va? **Ton** adresse, c'est toujours 3, place Bellecour à Lyon? J'ai toujours **ton** livre sur les animaux!
À plus, **ta** copine, Sara.

Wenn du mit den Possessivbegleitern Schwierigkeiten hattest:
▶ Sieh dir den Abschnitt 1 in den *Repères* auf S. 66 an.
▶ Löse dann die Förderübung im Beiheft, S. 9/3.

5 1. chien / intelligent, 2. frères et sœurs / bavards, 3. chambre / jolie, 4.tantes / bavardes, 5. cousins / sympa.

Wenn du das Adjektiv nicht richtig angeglichen hast:
▶ Sieh dir den Abschnitt 3 in den *Repères* auf S. 67 an.
▶ Löse dann die Förderübung im Beiheft, S. 10/4.

6
1. ≠ Ses parents rentrent tôt.
2. ≠ La photo est jolie.
3. ≠ C'est super. / C'est trop cool / C'est bien.
4. ≠ Ses parents sont séparés.
5. ≠ Ma mère travaille.
6. ≠ Mon lapin est moche. / Mon lapin a un caractère de chien. / Mon lapin est pénible.

Wenn dir die Vokabeln oder die Redewendungen nicht eingefallen sind:
▶ Wiederhole sie mit Hilfe der Rubrik *Qu'est-ce qu'on dit?* in den *Repères* auf S. 66 und der Wortliste auf S. 204–210.
▶ Sieh dir den Abschnitt 7 im Methodenteil, S. 176 an.
▶ Löse dann die Förderübung im Beiheft, S. 10/5.

Unité 4 (Fais le point, p. 40–41)

1 1. J'aime le rap. 2. Je n'aime pas le sport. 3. Je déteste l'athlétisme. 4. Ma chanteuse préférée, c'est ___ . 5. Je suis fan de ___ . 6. Qu'est-ce que tu fais ce week-end? 7. On rentre à quelle heure? 8. Ça marche? 9. (Est-ce que) tes parents sont d'accord? 10. (Est-ce que) je peux inviter mon copain?

Wenn du Schwierigkeiten mit der 1. Aufgabe hattest,
▶ lerne die Redewendungen noch einmal mit der Rubrik *Qu'est-ce qu'on dit?* (S. 86).
▶ Löse dann die Förderübung im Beiheft, S. 11/1.

2 1. le foot 2. la guitare 3. le ski 4. le tennis 5. les percussions 6. la bédé 7. le vélo 8. la danse 9. l'aviron 10. le théâtre

Wenn das nicht so gut geklappt hat,
▶ lerne die Sportarten und Hobbys noch einmal mit der Wortliste (S. 213–217).
▶ Löse dann die Förderübung im Beiheft, S. 11/2.

3 Samedi, Clara **veut** inviter Yasmine mais sa mère **dit** «Non.» Dimanche, Clara et Alexandre **veulent** regarder la télé.
Clara: Papa, on **peut** regarder la télé?
Père: Non, pas maintenant. Camille **fait** ses devoirs dans la salle de séjour.
Clara: Vous **dites** toujours «Non.» Vous **voulez** toujours être tranquilles. C'est tout.
Père: Écoute Clara. Moi, je **fais** les devoirs avec Camille. Tu **peux** jouer une partie de cartes avec Alexandre maintenant et après nous **faisons** une balade ensemble.
Clara: Non, nous ne **voulons** pas faire une balade.
Père: D'accord, nous **pouvons** regarder un DVD ensemble.
Clara: Là, je ne **dis** pas «Non.» Merci, papa!

Wenn du die Verbformen noch nicht gut beherrschst,
▶ lerne die 4 Verben in der Liste der Verben (S. 191).
▶ Lege eine Verbkarteikarte (*Carnet*, S. 103) für die Verben *faire*, *dire*, *pouvoir* und *vouloir* an.
▶ Löse dann die Förderübung im Beiheft, S. 12/3.
▶ Schreibe danach die Formen der vier Verben auswendig auf.

4
1. Elle fait de la guitare.
2. Il fait du vélo.
3. Ils font de l'athlétisme.
4. Il fait des percussions.

Hast du den falschen Artikel bei den Nomen genommen?
▶ Dann lerne die Nomen noch einmal mit dem richtigen Artikel. (Wortliste, S. 213–217)
Hast du die Präposition *de* nicht richtig mit dem bestimmten Artikel verbunden?
▶ Dann löse die Förderübung im Beiheft, S. 12/4.

5 1. Léo **ne** téléphone **pas**. 2. Théo **n'**invite **pas** Clara. 3. Amandine **n'**aime **pas** les week-ends en famille. 4. Karim **ne** veut **pas** jouer avec sa sœur.

▶ Lies dir Abschnitt 3 der *Repères* (S. 87) noch einmal durch, und mach dir klar, wo die Verneinungswörter *ne ... pas* im Satz stehen.
▶ Löse dann die Förderübung im Beiheft, S. 12/5.

6 1. Est-ce que tu aimes la musique classique?
2. Est-ce que tu as des animaux?
3. Est-ce que tu joues avec ton frère?

Hattest du Schwierigkeiten, die richtige Frage zu finden?
▶ Lies dir den Abschnitt 2 der *Repères* (S. 86) durch.
▶ Löse die Förderübung im Beiheft, S. 13/6.

7 **a** Um ein Telefongespräch.
b Philippe Cécile Paul
c 1. faux 2. vrai 3. vrai 4. vrai 5. vrai. 6. faux 7. faux

Hattest du Schwierigkeiten beim Verstehen?
▶ Bearbeite die Förderübung im Beiheft, S. 13–14/7.

Unité 5 (Fais le point, p. 50–51)

1 1d – 2f – 3b – 4a – 5g – 6e – 7c

Wenn du Schwierigkeiten mit der 1. Aufgabe hattest,
▶ lies die Texte der *Volets* noch einmal genau durch.
▶ Lerne die Vokabeln noch einmal mit der Wortliste (S. 217–223).
▶ Löse dann die Förderübung im Beiheft, S. 14/1.

2 1. – Où est-ce que vous allez pendant **vos** récréations? – Pendant **nos** récréations, nous pouvons aller dans la cour ou au CDI.
2. – À quelle heure est-ce que vous rentrez après **vos** cours? – **Nos** cours sont jusqu'à **quatre heures** mais souvent aussi jusqu'à **cinq heures**!
3. – Est-ce que vous aimez **votre** cantine?
– Oui, **notre** cantine est sympa, parce qu'il y a des posters et des dessins d'élèves sur les murs!
4. – Quand est-ce que **votre** CDI est ouvert?
– **Notre** CDI est ouvert de **huit heures** à **cinq heures** et le mercredi entre **huit heures** et **midi**.

Les notes de Camille:
1. Pendant **leurs** récréations, les 6èmes A vont au CDI ou dans la cour.
2. **Leurs** cours sont souvent jusqu'à 17 h 00.
3. **Leur** cantine est un endroit sympa.
4. **Leur** CDI est ouvert pendant la journée jusqu'à 17 h 00, le mercredi de 8 h 00 à 12 h 00.

Wenn du die Possessivbegleiter noch nicht gut beherrschst,
▶ schau dir den Abschnitt 1 der *Repères* auf S. 108 noch einmal an.
▶ Löse dann die Förderübung im Beiheft, S. 15/2.

3 Clara est **au** TJP. Camille est **à l'**école. Monsieur Fabre est **à la** Vitamine C et Madame Fabre est **au** musée. Alexandre ne va pas bien, il est **à la** maison et va toujours **aux** toilettes. Alors qui va jouer avec moi?

Hattest du noch Schwierigkeiten mit dem zusammengezogenen Artikel?
▶ Schau dir den Abschnitt 3 der *Repères* auf S. 109 noch einmal an.
▶ Löse dann die Förderübung im Beiheft, S. 15/3.

4 Salut Yasmine! C'est bientôt les vacances!! Est-ce que tu **vas retrouver** tes cousins de Marseille? Moi, je **vais passer** mes vacances d'hiver avec mon père dans les montagnes! Nous **allons faire** du ski et des balades. Mon père **va inviter** ma tante et son fils, Max. ☺ Clara et toi, vous **allez jouer** au TJP dimanche après-midi? Super! Théo et Lukas ne **vont** pas **pouvoir** être là ... C'est bête. Mais moi si! ☺ Bises Jade

Hast du Formen des *futur proche* falsch gebildet?
▶ Wiederhole die Konjugation des Verbs *aller* mit der Verbliste, S. 191.
▶ Schau dir den Abschnitt 5 der *Repères* auf S. 110 noch einmal genau an.
▶ Löse dann die Förderübung im Beiheft, S. 16/4.

5 1. – Quand est-ce qu'ils rentrent?
2. – À quelle heure est-ce que tu as maths?
3. – Pourquoi est-ce qu'on ne va pas au musée le mardi?
4. – Où est-ce que tu fais tes devoirs?

Hattest du Schwierigkeiten, die richtige Frage zu finden?
▶ Lies dir den Abschnitt 4 der *Repères* auf S. 109 durch.
▶ Löse dann die Förderübung im Beiheft, S. 16/5.

Unité 6 (Fais le point, S. 60–61)

1 1b; 2c; 3f; 4 (Keine Antwort); 5d; 6e; 7a
4 Qu'est-ce que tu prends? Je prends les spaghettis (et les fruits). / Je ne sais pas.

Wenn du Schwierigkeiten mit der Übung hattest,
▶ sieh dir den Text auf S. 119 noch einmal an.
▶ Löse dann die Förderübung im Beiheft, S. 17/1.

2 Au centre, près de **la cathédrale**, il y a **un café**, **une boulangerie** et **un supermarché**. Mais moi, j'habite loin du centre. À côté de chez moi, il y a **une piscine** et **un stade**. Mais il n'y a pas de **magasins**. Et il n'y a pas de **touristes**. Et ça, c'est super.

Wenn du die Nomen nicht wusstest oder nicht ganz richtig geschrieben hast,
▶ lerne die Vokabeln der *Unité 6, Volet* 3 (S. 226–228) noch einmal.
▶ Löse dann die Förderübung im Beiheft, S. 17/2.

3 **a** À midi, Jan **veut** manger à **la** cantine avec **les** correspondants de Strasbourg. Comme plat, il y a «spaghettis» ou «lapin à la moutarde». Jan ne **comprend** pas **le** mot «moutarde». Alors, il **prend les** spaghettis. Et comme dessert, il **prend le** gâteau au chocolat. Après **le** déjeuner, il **veut** faire un rallye avec **les** corres.

Wenn du noch Fehler bei den Verbformen machst,
▶ sieh dir die Verbformen auf S. 191 deines Buches an.
▶ Löse dann die Förderübung im Beiheft, S. 17–18/3.

b À midi, Jan et Nora **veulent** manger à la cantine avec les correspondants de Strasbourg. Comme plat, il y a «spaghettis» ou «lapin à la moutarde». Jan et Nora ne **comprennent** pas le mot «moutarde». Alors, ils **prennent** les spaghettis. Et comme dessert, ils **prennent** le gâteau au chocolat. Après le déjeuner, ils **veulent** faire un rallye avec les corres.

c 1. Qu'est-ce que vous **prenez**? 2. Je **prends** un jus de fruits.3. Et nous, nous **prenons** deux croissants et deux jus de fruits.

4 1. Non, les élèves **ne** sont **plus** sur le bateau, à midi. 2. Non, Clara **ne** veut **plus** manger. 3. Non, les élèves **ne** retournent **plus** sur la place Kléber.

Wenn du bei der Stellung der Verneinungswörter noch nicht ganz sicher bist,
▶ löse die Förderübung im Beiheft, S. 18/4.

5 Au centre-ville, il y a **beaucoup de** cafés et **beaucoup de** bars. Il **n'**y a **plus de** supermarché. Le week-end, au centre, il y a **trop de** touristes. Dans mon quartier, il **n'**y a **pas assez d'**activités pour les jeunes. Près de chez moi, il y a une piscine. Mais il **n'**y a **pas de** stade.

Wenn du die Mengengaben noch nicht so gut beherrschst,
▶ lerne sie noch einmal mit Abschnitt 2 der *Repères* (S. 128).
▶ Löse dann die Förderübung im Beiheft, S. 18/5.

6 **a** Karottensalat = salade de carottes
Obstsalat = salade de fruits
Grüner Salat = salade verte
Fisch in Currysauce = poisson au curry

b Vorspeise: Karottensalat oder mexikanische Pastete;
Hauptgericht: Lasagne oder Fisch in Currysauce / Curryfisch und grüner Salat;
Nachspeise: Obstsalat oder Schokoladencreme

Wenn du die Sprachmittlung nicht richtig gelöst hast,
▶ lerne noch einmal die Vokabeln der *Unité 6* (Wortliste, S. 223–228),
▶ lies dir die *Apprendre à apprendre* der *Unité 6* sowie die Methoden (S. 184) noch einmal durch.

Unité 7 (Fais le point, S. 69–70)

1 1. C'est quand, ton anniversaire?, 2. Je compte sur toi!, 3. Qui veut m'accompagner?, 4. Joyeux anniversaire! 5. Ça coûte combien?, 6. C'est trop cher!

Wenn du lange gebraucht hast,
▶ wiederhole die Rubrik *Qu'est-ce qu'on dit?* auf S. 146.
▶ Löse dann die Förderübung im Beiheft, S. 19/1.

2 1. le 25 décembre, 2. le 1er mai, 3. le 1er janvier, 4. le 11 novembre, 5. le 14 février, 6. le 3 octobre

Sind dir die Monatsnamen nicht immer eingefallen,
▶ wiederhole sie mit Hilfe der Wortliste auf S. 229 und
▶ löse die Förderübung im Beiheft, S. 19/2.

3

(61)	(78)	(91)
52	74	(87)
(82)	(66)	99

Dreierreihe: 61 78 91

Wenn du die Zahlen noch nicht so gut beherrschst,
▶ dann schlage auf S. 189 nach.
▶ Löse auch die Förderübung im Beiheft, S. 19/3.
Tipp: Zahlen kannst du übrigens ganz leicht üben: Sage einfach jede Zahl, die dir im täglichen Leben begegnet, auf Französisch.

4 1. **Achetez** mes fraises, trois euros le kilo!
2. Maman, tu m'**achètes** un bretzel, s'il te plaît?
3. Allô? ... Allô? Je ne t'**entends** pas, qu'est-ce qu'il y a?
4. – Pardon, est-ce que le tram D passe par ici?
– Oui, nous l'**attendons**, il va bientôt arriver.
5. Vous êtes en retard! Tout le monde vous **attend**.

Wenn du mit der Konjugation von *acheter* noch nicht klar kommst,
▶ dann schlage die Verbliste auf S. 190 auf.
▶ Löse anschließend die Förderübung im Beiheft, S. 20/4.
Hast du noch Schwierigkeiten mit den Verben auf *-re*?
▶ Wiederhole sie regelmäßig mit deiner Verbkartei (*Carnet*, S. 103).
▶ Löse die Förderübung im Beiheft, S. 20/5.
Tipp: Du kannst die Verbformen auch mit einem Würfel üben: Wirf einen Würfel und eine Münze. Der Würfel bestimmt die Person, die Münze das Verb (Kopf – *acheter*, Zahl – *attendre*). Bilde die Verbform.

5 **a** [x] farine [x] œufs [x] fraises [x] ananas
[x] jus d'orange [x] sucre [x] bananes

b Lösungsvorschlag: un paquet/kg de farine, des œufs, un kg de fraises, un ananas, des bouteilles de jus d'orange, un paquet/kg de sucre, des bananes

Wenn du noch unsicher mit den Mengenangaben bist, dann
▶ schau dir den Abschnitt 2 in den *Repères* auf S. 146 an und mache die dazugehörige Übung noch einmal.
▶ Löse auch die Förderübung im Beiheft auf S. 20–21/6.

6 1. Bonjour, je **cherche** des mangas. Où est-ce que je peux **les** trouver?
2. – Tu **m'attends**?
– Bon, d'accord, je **t'attends**.
3. – Pourquoi est-ce que vous **nous détestez**?
– Mais, non, nous **vous** adorons!
4. – Tu **aimes** la musique de ZAZ?
– Oui, je **l'**écoute beaucoup en ce moment.

Hast du Fehler bei den direkten Objektpronomen gemacht?
▶ Dann lies die *Repères* auf S. 147/3 noch einmal durch und löse die dazugehörige Aufgabe.
▶ Löse auch die Förderübung im Beiheft auf S. 21/7.

Unité 8 (Fais le point, S. 75)

1 1. Je vais passer deux semaines avec mes grands-parents au bord du lac «Ammersee»:
2. On va faire du camping.
3. Je vais nager dans le lac.
4. Et on va faire des randonnées.

Wenn du Schwierigkeiten mit der Aufgabe 1 hattest,
▶ lerne die Redewendungen *Qu'est-ce qu'on dit?* in den *Repères*, S. 162.
▶ Löse dann die Förderübung im Beiheft, S. 22/1.

2 a Sonne: le soleil
Feuerwerk: le feu d'artifice
Berg: la montagne
Pferd: le cheval
Zelt: la tente
Fernglas: les jumelles
Sandburg: le château (de sable)
Strand: la plage
Meer: la mer

Hast du alle Vokabeln gefunden? Hast du sie alle richtig geschrieben? Wenn nicht,
▶ lerne die Vokabeln mit Hilfe der Wortliste, S. 221–223.
▶ Lege für jedes Wort, das du nicht wusstest (oder das du falsch geschrieben hast), eine Karteikarte an (*Méthodes*, S. 159/3).
▶ Löse die Förderübung im Beiheft, S. 22/2a–b.

b 1. Il fait beau et chaud.
2. Il pleut.
3. Il fait froid.

Hast du die richtigen Redewendungen verwendet? Wenn nicht,
▶ lerne die Redewendungen *Qu'est-ce qu'on dit?* in den *Repères*, S. 162.
▶ Löse dann die Förderübung im Beiheft, S. 23/2c.

3 Salut Noah!
Je **suis** dans les Pyrénées, dans un camping. Il y a un restaurant et une piscine. La piscine, c'est super **quand** il fait chaud! **Quand** il pleut, on **joue** des parties de cartes sous la tente. Et **quand** mes parents m'énervent, je **vais** à la salle de jeu **pour** jouer sur l'ordinateur. Demain, on va aller à Foix **pour** visiter le château. Alors, c'**est** cool, Paris? Tu m'appelles **quand** tu rentres? Je voudrais te retrouver **pour** regarder tes photos de Paris.
À plus, Théo

Hast du *quand* und *pour* richtig verwendet? Wenn nicht,
▶ schlage die *Repères* auf S. 162/1 und 163/2 auf.
▶ Löse dann die Förderübungen im Beiheft, S. 23/3.

Mon portfolio de français

Nom ______________________________

Prénom ______________________________

Date de naissance ______________

Nom de mon école ______________________________

Adresse de mon école ______________________________

____

Classe ______________ Année scolaire 20_______ – 20_______

Mon professeur de français s'appelle ______________________________

Chez moi, on parle

____

Avec mes copains, je parle

____

Sprachen, die ich in der Grundschule gelernt habe

____

Was ich über Frankreich schon weiß

____

____

____

____

____

____

____

____

AUTOÉVALUATION

Hier kannst du selbst überprüfen, was du in deinem ersten Jahr Französisch gelernt hast. Sieh dir die Angaben in den einzelnen Bereichen an (Hören, Lesen, Sprechen, Schreiben) und male jedes Kästchen an:

- Was du noch nicht so gut kannst, malst du gelb an.
- Was du gut kannst, malst du blau an.
- Was du sehr gut kannst, malst du grün an.

HÖREN

Ich kann

- [ ] Telefonnummern, Preise und Uhrzeiten verstehen.
- [ ] Fragen über mich, meine Familie, meine Freunde und über meine Hobbys verstehen.
- [ ] verstehen, wenn sich jemand vorstellt.
- [ ] die Anweisungen meines Lehrers / meiner Lehrerin im Unterricht verstehen.
- [ ] ein einfaches Gespräch (über Hobbys, Essen, Haustiere) verstehen.
- [ ] verstehen, wenn sich jemand mit mir am Telefon verabreden möchte.
- [ ] verstehen, wenn jemand über seine Schule und seinen Stundenplan spricht.
- [ ] verstehen, wenn jemand über seinen Wohnort spricht.

LESEN

Ich kann

- [ ] einfache und kurze Texte zu den Themen Schule, Essen, Haustiere, Freizeitaktivitäten lesen.
- [ ] vertraute Namen und Wörter auf Schildern und Plakaten verstehen.
- [ ] Arbeitsanweisungen und Spielanleitungen in meinem Buch verstehen.
- [ ] ein Rezept oder eine Bastelanweisung lesen und verstehen.
- [ ] einen Stundenplan lesen und verstehen.
- [ ] einfache Leserbriefe und Prospekte verstehen.
- [ ] einfache E-Mails und Blogeinträge lesen und verstehen.

SPRECHEN

Ich kann

- [ ] jemanden begrüßen und fragen, wie es ihm geht.
- [ ] mich vorstellen und sagen, wie es mir geht und mich verabschieden.
- [ ] von meiner Familie, meinen Haustieren, meiner Stadt / meinem Dorf, unserer Wohnung berichten.
- [ ] jemanden nach seinem Namen, seinem Alter und seinen Interessen fragen.
- [ ] sagen dass ich Hunger/Durst habe und um etwas zum Essen und Trinken bitten.
- [ ] mich über meine Schule unterhalten.
- [ ] Vorschläge machen und meine Meinung äußern.
- [ ] ein kurzes Einkaufsgespräch führen.
- [ ] Wünsche äußern.
- [ ] mich mit jemandem verabreden.
- [ ] sagen, was ich am Wochenende oder in den Ferien vorhabe.

SCHREIBEN

Ich kann

- [ ] Wörter und Sätze aus dem Buch richtig abschreiben.
- [ ] einfache Notizen schreiben.
- [ ] eine E-Mail schreiben zu den Themen: meine Familie, meine Haustiere, meine Interessen, meine Schule.
- [ ] eine Postkarte oder eine kurze Nachricht aus dem Urlaub schreiben.
- [ ] eine Einkaufsliste schreiben.
- [ ] ein Plakat gestalten.

MEINE TRICKS BEIM FRANZÖSISCH LERNEN:

SO LERNE ICH WÖRTER	immer	manchmal	nie
Wenn ich ein unbekanntes Wort sehe, überlege ich,			
ob ich ein ähnliches Wort schon in einer anderen Sprache kenne.	☐	☐	☐
ob Bilder oder Fotos mir helfen können, das Wort zu verstehen.	☐	☐	☐
ob ich es aus der Situation oder dem Sinnzusammenhang des Textes erschließen kann.	☐	☐	☐
ob ich schon ein französisches Wort aus derselben Wortfamilie kenne. *(chanter → chanson)*	☐	☐	☐
______________________________	☐	☐	☐

SO MERKE ICH MIR NEUE WÖRTER			
Ich wiederhole die Vokabeln regelmäßig.	☐	☐	☐
Ich lerne die Vokabeln in einem Beispielsatz.	☐	☐	☐
Ich schreibe schwierige Wörter auf Karteikärtchen ...	☐	☐	☐
... und ich male ein Bild dazu.	☐	☐	☐
______________________________	☐	☐	☐

HÖREN			
Ich achte auch auf Geräusche und Tonfall, um herauszufinden, worum es geht.	☐	☐	☐
Bei einer Hörverstehensübung lese ich die Aufgaben vorher genau durch, um zu wissen, was ich heraushören soll.	☐	☐	☐
______________________________	☐	☐	☐

LESEN			
Um zu verstehen, wovon einen Text handelt,			
achte ich zuerst auf die Überschrift, Bilder oder Fotos und überlege mir, was das Thema des Textes sein könnte.	☐	☐	☐
suche ich nach Wörtern, die mir wichtig erscheinen (Schlüsselwörter) und unterstreiche sie oder schreibe sie auf.	☐	☐	☐
______________________________	☐	☐	☐

SPRECHEN			
Wenn ich ein Rollenspiel vorbereite,			
lese ich mir die Rollenkarte genau durch und überlege zuerst, was die Person tun oder sagen soll.	☐	☐	☐
notiere ich Stichwörter auf einen Zettel, bevor ich anfange.	☐	☐	☐
______________________________	☐	☐	☐

INFINITIF	Terminaison	*Régulier* ☐ *Irrégulier* ☐	Particularité
	PRÉSENT Je/J'		IMPÉRATIF
	Tu		
	Il/Elle/On		
	Nous		
	Vous		
	Ils/Elles		
se conjugue comme:		PASSÉ COMPOSÉ	
IMPARFAIT		FUTUR	

INFINITIF	Terminaison	*Régulier* ☐ *Irrégulier* ☐	Particularité
	PRÉSENT Je/J'		IMPÉRATIF
	Tu		
	Il/Elle/On		
	Nous		
	Vous		
	Ils/Elles		
se conjugue comme:		PASSÉ COMPOSÉ	
IMPARFAIT		FUTUR	

Vokabelschablone

Zum Vokabellernen kannst du dir eine Schablone basteln.
Dazu nimmst du ein weißes A4-Blatt hochkant. 7 mm vom oberen Rand entfernt ziehst du eine Linie. Auf dieser Linie markierst du die beiden Punkte, die vom rechten Rand 8 cm und vom linken Rand 7,5 cm entfernt sind. Diese Stellen schneidest du bis zur Linie ein. Nun faltest du die beiden äußeren Teile entlang der Linie nach unten (siehe Zeichnung). Fertig ist die Seite 1, *le côté français-allemand*. Willst du mit Seite 2, *le côté allemand-français*, üben, klappst du die Seitenteile einfach wieder hoch und faltest das Mittelteil entlang der Linie nach unten.

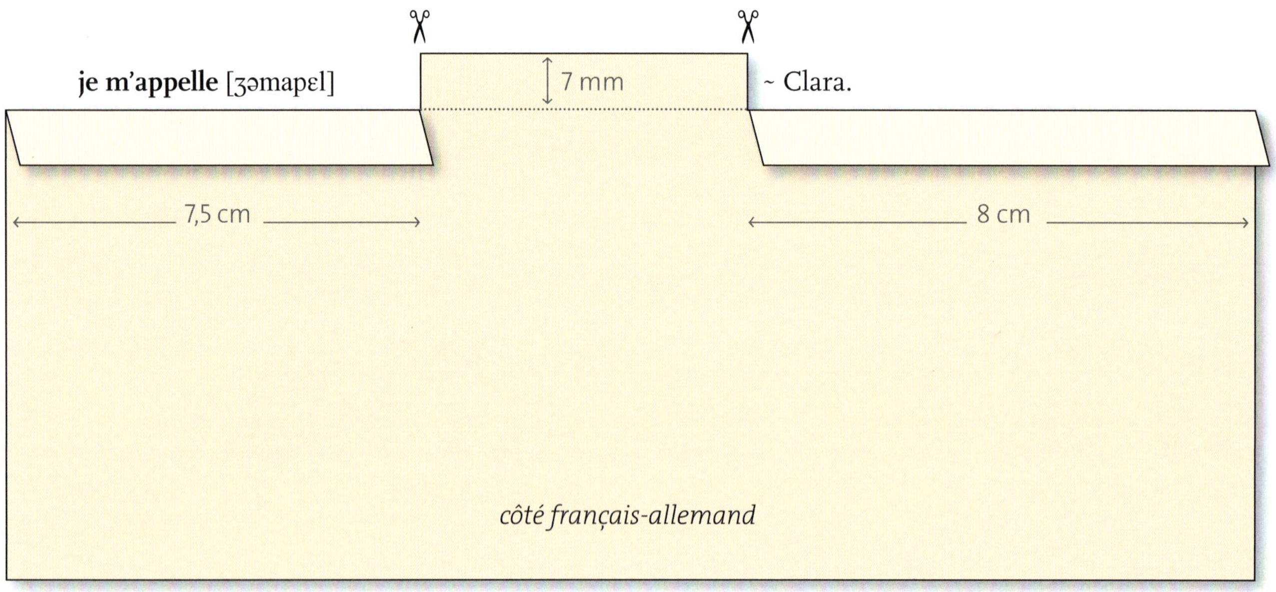

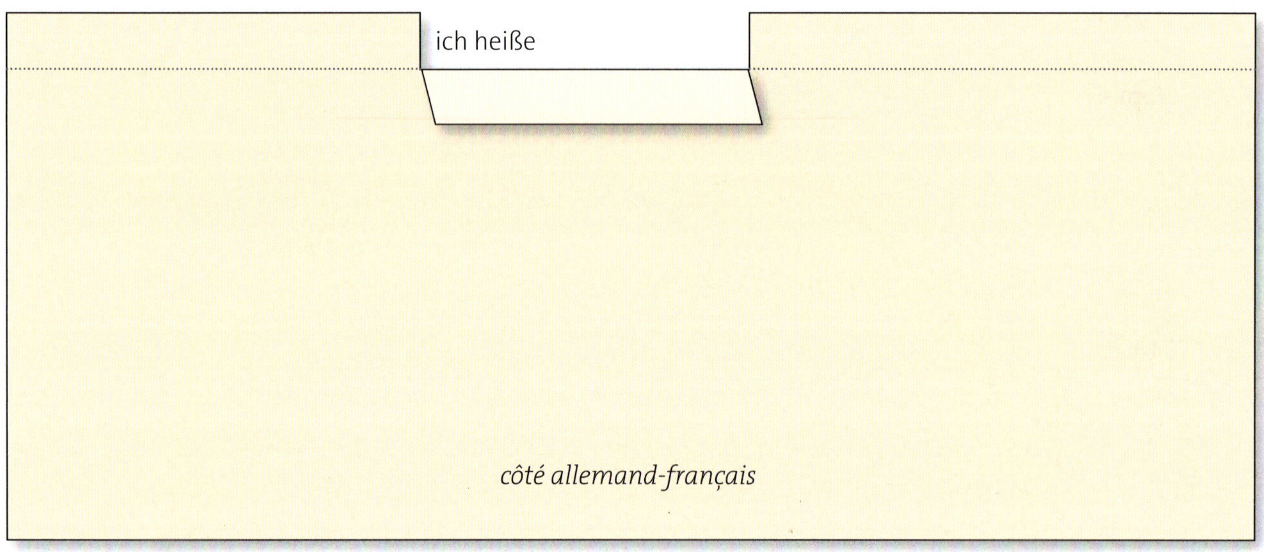

So lernst du Vokabeln mit der Schablone:

Seite 1: *français-allemand*
Lies das französische Wort. Ergänze den Satz, indem du das neue Wort an die Stelle der Tilde (~) setzt. Übersetze das Wort dann ins Deutsche. Anschließend schiebst du die Schablone nach unten und überprüfst deine Übersetzung.

Seite 2: *allemand-français*
Mit dieser Seite überprüfst du, ob du die deutschen Wörter auch ins Französische übersetzen kannst. Wenn dir der französische Ausdruck nicht gleich einfällt, schaust du unter der rechten Klappe nach und versuchst dich mit Hilfe des Satzes an den Ausdruck oder das Wort zu erinnern.